MASTER AND MAN
ХОЗЯИН И РАВОТНИК

LEO TOLSTOY
ЛЕВ ТОЛСТОЙ

MASTER AND MAN
ХОЗЯИН И РАБОТНИК

EDITED WITH INTRODUCTION, NOTES AND
VOCABULARY BY ELEANOR AITKEN

CAMBRIDGE
AT THE UNIVERSITY PRESS
1970

Published by the Syndics of the Cambridge University Press
Bentley House, 200 Euston Road, London N.W.1
American Branch: 32 East 57th Street, New York, N.Y. 10022

Library of Congress Catalogue Card Number: 70-77293
Standard Book Number: 521 07466 5

Printed in Hungary at the
Franklin Printing House, Budapest

CONTENTS

PREFACE

In compiling the notes and vocabulary I have used Ushakov's *Толковый словарь русского языка*, the Soviet Academy of Sciences' *Словарь современного литературного русского языка*, and the dictionary of Dal'. In writing the Introduction I have been indebted to Derrick Leon's *Tolstoy, his Life and Work*, Ernest Simmons's *Leo Tolstoy*, John O. Bayley's *Tolstoy and the Novel* and the notes of L. Opulskaya and A. C. Petrovsky in Volume 29 (published 1954) of the complete edition (91 volumes) of Tolstoy's works, which also contains the first drafts of the story *(Государственное издательство художественной литературы)*. The text is that originally published by the firm 'Intermediary', 1895. I am indebted for help with the stresses to Mr A. Pliushkoff, Mrs M. S. Aredova, and Ushakov's dictionary.

The dates mentioned in the Introduction are Old Style (Julian Calendar).

ELEANOR AITKEN

Cambridge, 1968

INTRODUCTION

Tolstoy

Lev Nikolayevich Tolstoy came of an ancient noble family with numerous branches and illustrious connexions. He was born in 1828 at Yasnaya Polyana, about 130 miles south-west of Moscow, and spent most of his life there.

He was the youngest of four brothers; one sister came after him, at whose birth his mother died. In spite of this, he appears to have had an idyllic country childhood, the atmosphere of which is recaptured in his semi-autobiographical *Childhood*. When he was nine, the family moved to Moscow for the boys' education; but later, after the death of their father, they lived in Kazan, under the guardianship of an aunt. Here, during his teens, Tolstoy had ample opportunity for the indulgence of those weaknesses and passions which were for years to be the torment of his conscience—vanity, ambition, gambling, and 'above all, lust'.

Tolstoy spent barely two years at Kazan University. He left in 1847, intending to look after Yasnaya Polyana, the part of the family inheritance that had fallen to him, and to improve the lot of the serfs. His first attempts in this field failed. By 1848 he was again enjoying the dizzy pleasures of town life, and for the most part continued to do so till 1851. In the spring of that year he left for the Caucasus with his elder brother Nicholas, an officer in the army on active service there.

Tolstoy spent two and a half years in the Caucasus; it was to be, as it had been for Pushkin and Lermontov, a maturing force for him both intellectually and spiritually. In the intervals of hunting, gambling, whoring, and fighting the mountain tribes he read and wrote. *Childhood* was completed and published in Nekrassov's progressive journal, *The Contemporary*. It brought him immediate fame. Even in this first work, Tolstoy revealed his gift for 'debunking' what he saw to be affected and insincere in behaviour. *The Cossacks*, though finished several years later, was also a product of this time. It is an expression of ardent youthful pantheism inspired by closeness to nature and primitive man. The influence of Rousseau, Tolstoy's constant hero, is clearly felt.

Soon after the Caucasus, Tolstoy was in the thick of the fighting at the siege of Sebastopol in the Crimea. His experiences there filled him with revulsion against the barbarous futility of war (*Tales of Sebastopol*, 1855–6). On his return from the war he stayed with Turgenev in St Petersburg and was lionized in literary circles. But tiring of the *literati*, and what he felt to be their humbug, he left for Yasnaya Polyana with a plan to free his serfs. This, and a dream of marriage, came to nothing; and Tolstoy set out for his first European tour (1857). His enjoyment of Parisian cultural and other delights was shattered by the spectacle of a public execution. He returned to Russia after spending the summer in Switzerland.

A new enthusiasm now took hold of him: teaching. He started his own school for the peasant children at Yasnaya Polyana on revolutionary lines. It was highly successful. In order to acquire more knowledge of educational methods, Tolstoy set out in July 1860 for his second and last trip to Europe. But at Hyères in the south of France his brother Nicholas died of tuberculosis. His death was a profound shock for Tolstoy. What was life for, if this was the end? He continued his pedagogical researches, however, visiting more schools in England, Belgium, and Germany.

In April 1861 he returned to Yasnaya Polyana, which, apart from some winters in Moscow or famine-stricken districts, and occasional trips to the Bashkir steppes, he was not to leave for the next 49 years.

1861 was the great year of the emancipation of the serfs, and Tolstoy held for a time the post of Arbitrator between nobles and peasants in his district. In September 1862 he married Sofia Behrs, the daughter of a boyhood 'flame'. She was 18—sixteen years younger than himself.

For the sake of his family (children were born in rapid succession) Tolstoy now felt the urge to improve and add to his estate. At the same time he had, at least temporarily, found the stability he needed to write well; and it was this period that saw the creation of the great novels. *War and Peace* was published serially in Katkov's magazine *The Russian Messenger*, the first part appearing in 1865, the last in 1869. The novel was widely acclaimed, and Tolstoy's reputation as one of the greatest contemporary writers was assured. His second masterpiece, *Anna Karenina*, was written in the years 1873–7. In the meantime, Tolstoy had been busy with two 'A B C' books, containing short stories for children.

Tolstoy was now, to all appearances, at the peak of happiness, with health, wealth, fame, and a satisfactory family life. But all this began to seem pointless to him and his inner despair grew to such an extent that he had thoughts of suicide. In spite of—or because of—his lust for life, Tolstoy had for years been haunted by the spectre of death and excelled at portraying it. Like most of his literary heroes he had, with more or less concentration, been perpetually searching, particularly since the death of Nicholas, for an answer to the question 'What is the meaning of life, if death is the end?' Now, as with his latest hero, Levin in *Anna Karenina*, this question took hold of him with the force of an obsession, to the exclusion of all else.

How he pursued his search for an answer and ultimately found it is told in *Confession* (1879—postscript 1882). For Tolstoy the problem was fundamentally a religious one and the answer was characteristic of the man: it was to be found in *right living*. After intensive study of the Bible in Hebrew and Greek and conscientious attendance at church, Tolstoy came to the conclusion that the essentials of Christianity were not in the Church's dogmas and mysteries, against many of which his reason revolted; nor in much of its practice, which outraged his conscience (later he was excommunicated for these views), but in the basic teaching of Christ: that the love of God and of one's fellow-men are one, and that in the practice of this love man finds inward peace. This was his much-discussed 'conversion'. But the new outlook was the full flowering of ideas he had partially and at intervals expressed before, not a sudden change.

What he believed to be the substance of the Gospels appeared (eventually in print) under the title *The Gospel in Brief* (1883). Expositions of his own faith followed: *What I Believe* (1884), *On Life* (1887). Among his most notable works of this period are powerful onslaughts on manifestations of evil in society, particularly in contemporary Russian society—on poverty (the result of the greed and indifference of the rich), on capital punishment, on war, and so on. His ideal of non-violence brought him many disciples, and had a great influence later on Gandhi. The autocratic Tsarist regime did not allow the publication of many of these polemical works. They circulated in manuscript or appeared abroad. Tolstoy's followers suffered arrest and imprisonment. He himself was spared, thanks to his national and international reputation.

The idea that any falling-off discernible in Tolstoy's creative writing after 1880 can be attributed directly to his conversion is probably an over-simplification. He did indeed turn his back on his earlier writings, which he considered to be mainly of entertainment value for the idle rich, but he continued to bring his artistic powers to bear in his vigorous tracts and pamphlets; and some of his best—if smaller—productions in fiction belong to this later period. In some ways religion injected new life into his writing. His novel *Resurrection*, short stories such as *Master and Man*, and his plays bear witness to this fact. Apart from these works, in many of which the 'upper classes' figure—but not to their advantage—Tolstoy wrote a number of 'folk tales' following the principle explained in his treatise *What is Art?* (1898): not only should the material of a work of art be sought in the lives of working people, and its inspiration be religious in the deepest and widest sense, but it should also be comprehensible to simple folk, 'capable of uniting men in brotherly love'. Two of the best of these folk tales, *Two Old Men* and *Does a Man Need Much Land?*, are closely akin in idea to *Master and Man*.

Tolstoy's efforts to put his religious beliefs into practice met with tragic difficulties, as his wife could not share his views. Yet the possession of money and property became a torment to him. The compromise he evolved satisfied neither himself nor his critics: he renounced the title 'Count', made over his property to his wife, and led an austere life, dressing and often working as a peasant; but he still lived in the comfortable family home.

However, the breach between him and Sofia became gradually unbearable. In the autumn of 1910 he suddenly left home secretly, hoping to find a haven for what remained of his life in some solitary peasant's hut. He caught a chill on the way and died at the railway station of Astapovo on 7 November.

Master and Man

During the winter of 1891-2, when there was a famine in central Russia, Tolstoy lived in the village of Begichevka, in the Ryazan district, organizing food centres for starving peasants. While engaged in this work, he was lost in a snowstorm. The subject of *Master and Man* apparently originated then, though years before he had written a story entitled *The Snowstorm*. It was not till September 1894, however, that he wrote the first draft. The story was published in 1895.

Between the first draft and publication, Tolstoy reworked the story several times. On 3 January 1895 he wrote of it in his diary 'In form it is now adequate, but in content still weak.' Three days later he wrote 'Bad. Neither has any character. Now I know what to do.' The successive drafts do in fact show how Tolstoy filled out and deepened the characters. He took most trouble, however, over the final scene, containing the heart of the 'idea' which was to be conveyed primarily through the experience of Brekhunov—at first glance perhaps not an eminently suitable character for this purpose.

Tolstoy when writing his stories had usually been under the influence of a dominating idea. The view that art should give to humanity more than just beauty or pleasure—that, for instance, it should have a social content—is characteristically Russian. Tolstoy in his later years propounded the view that the basic moral philosophy of a work of art was the crucial factor in its worth and that the business of art was 'to render comprehensible and accessible what might have been incomprehensible and inaccessible in the form of argument'. In *Master and Man* two individuals are caught up in a terrifying phenomenon of nature: a snowstorm. By showing how they react when face to face with danger and lonely death, Tolstoy is able to express implicitly what he feels to be essential to man for his understanding of the meaning of life and for his acceptance of death.

The idea is presented explicitly, in the form of argument, in *On Life*: man's visible life, from physical birth to physical death, is really the least important part of his true life. When he becomes a prey to his search for security and illusory happiness in this little part, or tries to buy security in the next through religious ritual or over-contempt for earthly life, he loses his sense of direction; but when he loves and serves, the torment of his struggle for survival and his fear of death recede, and he becomes part of the eternal spirit of goodness: not only through loving, but because his life flows into others who are still alive. (Cf. Matt. x. 39 and xvi. 26; and the lines in Pasternak's poem *The Wedding* in *Doctor Zhivago*:

> Жизнь ведь тоже только миг,
> Только растворенье
> Нас самих во всех других,
> Как бы им в дареньe.

'Surely life too is only a moment, only a dissolving of ourselves into all others, as if we were making them a gift.')

Nikita, the peasant workman, kind, affectionate, obliging, accepting his lot, already possesses the essential: an unconscious sense of true values, which gives him a simple faith enabling him to accept death calmly, not as the end of everything, but as the beginning of something else, of which he is not afraid. He belongs in Tolstoy's portrait-gallery of peasants who know better than others how to live and how to die. But the important fact is that the bewildered, panic-stricken Brekhunov, hitherto self-regarding and self-deceiving, also comes to grasp the essential.

Although in the first part of the story the over-riding impression of Brekhunov is one of a calculating and greedy 'кулак' (wealthy peasant, exploiting others), there are hints, even from the first, that he has some sort of concern for his ill-clad dependent; but this concern is completely inhibited by other considerations. How important Tolstoy thought this inhibition is suggested by Brekhunov's dream. Dreams have often a special significance in Tolstoy's work. ('Ничего так, как они', he wrote in 1904, 'не открывает тайны душевной жизни') Years before, he had referred in a notebook to that kind of dream in which, in spite of effort, one feels unable to move—and had compared it with the sense one sometimes has, even in the best moments of waking life, that there is something vital lacking. It is perhaps significant that Brekhunov feels immobilized near a chest of candles (used as offerings in church), and that he tries to move, first to hand out a candle, and then because someone is coming do business with him about a wood. (Church rituals and money-making cannot bring the soul freedom?) The voice that ultimately liberates him and in answer to which he goes freely and joyfully is the voice of 'тот самый, который кликнул ему и велел ему лечь на Никиту'. The voice heard in the dream—but there recognized as something which has been heard before—is heard again at the end. Reality, dream and vision blend into one.

Self-interest, concern for Nikita, and, in Tolstoy's terms, divine revelation are also inextricably interwoven. Brekhunov's impulse to cover Nikita with his own body might conceivably have been prompted by a desire for self-preservation (but he was feeling warm at that moment) or, more probably, by an instinct to save, such as any normal man would feel in the circumstances: what is clear in any case is that he sees it simply as the only thing to do, and feels triumph at his decision. When, however, Nikita begins to revive, his triumph is mingled with a joy *such as he has never felt before*; and with that joy comes also a sense of relief for himself—relief that he has been saved from something besides a lonely death in the snow. And he has found the clue to life: the clue that helps him to slough off his past gladly, because it was worthless. A good action has brought its own reward.

Brekhunov and Nikita are, however, much more than vehicles, each in his own way good to convey an idea. They are alive, so that the reader can almost feel their presence. Tolstoy does not stop to give detailed descriptions of appearance and personality. These are revealed gradually and naturally in the course of the story. Not only physical features and dress, but other details (gestures, gait, way of speaking—or keeping silent) all add up to solid, living people, basically true to themselves throughout, but with varying moods. Moreover, through his peculiar capacity for interpreting the inwardness of external detail and through his technique of the 'interior monologue' Tolstoy reveals the mental processes of his characters. He gives, too, added clarity and solidity through contrast. Nikita is not, seemingly, 'respectable' nor 'successful' (in spite of practical good sense), but is inwardly good: on the other hand Brekhunov, to all appearances both respectable and successful, is actually selfish and deceitful. In other hands than Tolstoy's such schematism might seem didactic and boring; but the characters are saved, in a literary sense, not only by their vividness: Nikita draws the sympathy of the reader by his warmheartedness; and Brekhunov is unconsciously funny—having landed himself in a terrible predicament through sheer greed and folly, he congratulates himself on his outstanding zeal and devotion to work!

The minor characters have each, through a similar technique, an identity of their own: the hospitable Taras, with his instinct for property and his old man's predilection for an undisturbed routine; the wrinkled 'ласковая старушка', Petrukha with his quotations—even the passing travellers with their contradictory shouts. Mukhorty, the horse, has a personality almost as real as the humans; and Tolstoy brilliantly conveys the characteristic movements and sounds of other animals, which contributes to the realism of the country setting.

No more than the characters is the snowstorm 'described'. It is seen and felt through the sensations of Brekhunov and Nikita, and grows detail by detail in its frightening intensity. Here too are telling contrasts: in the desolate landscape isolated objects convey the sense of becoming lost: a mere potato-top; washing on a line (homely, suggestive of human life in the general bleakness) which, when seen for the third time, shows that the travellers are turning in a circle. Most terrifying of all in this respect is the wormwood bush. In the peculiar silence that is the result of wind sweeping across open spaces the few sounds which do penetrate the ear add to the feeling of desolation; and the cosy warmth, light and crowded human company inside Taras's *izba* make the cold and loneliness of the night outside more deeply felt.

Closely acquainted as he was with country life and never swerving from accuracy for the sake of 'poetic' effects, Tolstoy's language is plain and to the point: exact words are used for exact objects (e.g. in the details of the harness); adjectives are not ornaments, but there for a job—to convey precise impressions; and there is an unusual range of verbs for this purpose. The speech of the characters is authentic peasant speech: pithy, at times picturesquely expressive; at times, from the literary point of view, phonetically or grammatically incorrect.

Because it is a good story, well told, *Master and Man* has a permanent place in the world's literature. In our acquisitive, materialistic age its underlying idea gives it special value.

ХОЗЯИН И РАБОТНИК

1

Это было в семидесятых годах,[1] на другой день после зимнего Николы.[2] В приходе был праздник, и деревенскому дворнику,[3] купцу второй гильдии[4] Василию Андреичу Брехунову, нельзя было отлучиться: надо было быть в церкви, — он был церковный староста, — и дома надо было принять и угостить родных и знакомых. Но вот последние гости уехали, и Василий Андреич стал собираться тотчас же ехать к соседнему помещику для покупки у него давно уже приторговываемой рощи.[5] Василий Андреич торопился ехать, чтобы городские купцы не отбили у него эту выгодную покупку. Молодой помещик просил за рощу десять тысяч только потому, что Василий Андреич давал за неё семь. Семь же тысяч составляли только одну треть настоящей стоимости рощи. Василий Андреич, может быть, выторговал бы и ещё, так как лес находился в его округе, и между ним и деревенскими уездными купцами[6] уж давно был установлен порядок, по которому один купец не повышал цены в округе другого, но Василий Андреич узнал, что губернские лесоторговцы[7] хотели ехать торговать Горячкинскую рощу, и он решил тотчас же ехать и покончить дело с помещиком. И потому, как только отошёл праздник, он достал из сундука свой семьсот рублей, добавил к ним находящихся у него церковных две тысячи триста, так чтобы составилось три тысячи рублей, и, старательно перечтя их и уложив в бумажник, собрался ехать.

Работник Никита, один в этот день не пьяный из работников Василия Андреича, побежал запрягать. Никита не был пьян в этот день потому, что он был пьяница, и теперь, с заговен,[8] во время которых он пропил с себя поддёвку[9] и кожаные сапоги, он зарёкся пить и не пил второй месяц; не пил и теперь, несмотря на соблазн везде распиваемого вина в первые два дня праздника.

Никита был пятидесятилетний мужик из ближней деревни, нехозяин, как про него говорили, бо́льшую часть своей жизни проживший не до́ма, а в людях.[10] Везде его ценили за его трудолюбие, ловкость и силу в работе, главное — за добрый, приятный характер; но нигде он не уживался, потому что раза два в год, а то и чаще, запивал, и тогда, кроме того что пропивал всё с себя, становился ещё буен и придирчив. Василий Андреич тоже несколько раз прогонял его, но потом опять брал, дорожа его честностью, любовью к животным и, главное, дешевизной. Василий Андреич платил Никите не восемьдесят рублей, сколько стоил такой работник, а рублей сорок, которые выдавал ему без расчёта, по мелочи, да и то бо́льшей частью не деньгами, а по дорогой цене товаром из лавки.

Жена Никиты, Марфа, когда-то бывшая красивая бойкая баба, хозяйничала дома с подростком малым и двумя девками и не звала Никиту жить домой, во-первых, потому, что уже лет двадцать жила с бондарём, мужиком из чужой деревни, который стоял у них в доме; а во-вторых, потому, что, хотя она и помыкала мужем, как хотела, когда он был трезв, она боялась его, как огня, когда он напивался. Один раз, напившись пьян дома, Никита, вероятно чтобы выместить жене за всё своё трезвое смиренство, взломал её сундук, достал самые драгоценные её наряды и, взяв топор, на обрубке изрубил в мелкую окрошку[11] все её сарафаны[12] и платья. Зажитое Никитой жалованье всё отдавалось его жене, и Никита не противоречил этому. Так и теперь, за два дня до праздника Марфа приезжала к Василию Андреичу и забрала у него белой муки, чаю, сахару и осьмуху вина, всего рубля на три, да ещё взяла пять рублей деньгами и благодарила за это как за особую милость, тогда как по самой дешёвой цене за Василием Андреичем было рублей двадцать.[13]

— Мы разве с тобой уговоры какие делали?[14] — говорил Василий Андреич Никите. — Нужно — бери, заживёшь. У меня не как у людей:[15] подожди, да расчёты, да штрафы. Мы по чести. Ты мне служишь, и я тебя не оставлю.

12

И, говоря это, Василий Андреич был искренно уверен, что он благодетельствует Никите: так убедительно он умел говорить и так все зависящие от его денег люди, начиная с Никиты, поддерживали его в этом убеждении, что он не обманывает, а благодетельствует их.

— Да я понимаю, Василий Андреич, кажется, служу, стараюсь, как отцу родному. Я очень хорошо понимаю, — отвечал Никита, очень хорошо понимая, что Василий Андреич обманывает его, но вместе с тем чувствуя, что нечего и пытаться разъяснять с ним свои расчёты, а надо жить, пока нет другого места, и брать, что дают.

Теперь, получив приказание хозяина запрягать, Никита, как всегда, весело и охотно, бодрым и лёгким шагом своих гусем шагающих ног пошёл в сарай, снял там с гвоздя тяжёлую ремённую с кистью узду и, погромыхивая баранчиками удил, пошёл к затворенному хлеву, в котором отдельно стояла та лошадь, которую велел запрягать Василий Андреич.

— Что, соскучился, соскучился, дурачок?[16] — говорил Никита, отвечая на слабое приветственное ржанье, с которым встретил его среднего роста ладный, несколько вислозадый, караковый, мухортый жеребец, стоявший один в хлевушке. — Но, но! поспеешь, дай прежде напою, — говорил он с лошадью совершенно так, как говорят с понимающими слова существами, и, обмахнув полой жирную с желобком посредине, разъеденную и засыпанную пылью спину, он надел на красивую молодую голову жеребца узду, выпростал ему уши и чёлку и, скинув оброть, повёл пойть.

Осторожно выбравшись из высоко занавоженного хлева, Мухортый заиграл и взбрыкнул, притворяясь, что хочет задней ногой ударить рысью бежавшего с ним к колодцу Никиту.

— Балуй, балуй, шельмец! — приговаривал Никита, знавший ту осторожность, с которой Мухортый вскидывал задней ногой только так, чтобы коснуться его засаленного полушубка, но не ударить, и особенно любивший эту замашку.

Напившись студёной воды, лошадь вздохнула, пошевеливая мокрыми крепкими губами, с которых капали с усов в корыто прозрачные капли, и замерла, как будто задумавшись; потом вдруг громко фыркнула.

— Не хочешь, не надо, так и знать будем; уж больше не проси, — сказал Никита, совершенно серьёзно и обстоятельно разъясняя своё поведение Мухортому; и опять побежал к сараю, подёргивая за повод взбрыкивающую и на весь двор потрескивающую весёлую молодую лошадь.

Работников никого не было; был только один чужой, пришедший на праздник кухаркин муж.

— Поди спроси, душа милая, — сказал ему Никита, — какие сани велить[17] запрягать: пошевни али махонькие?

Кухаркин муж[18] пошёл в железом крытый на высоком фундаменте дом и скоро вернулся с известием, что велено впрягать махонькие. Никита в это время уже надел хомут, подвязал седёлку, обитую гвоздиками, и, в одной руке неся лёгкую крашеную дугу, а в другой ведя лошадь, подходил к двум стоявшим под сараем саням.

— В махоньие так в махонькие, — сказал он и ввёл в оглобли умную лошадь, всё время притворявшуюся, что она хочет кусать его, и с помощью кухаркина мужа стал запрягать.

Когда всё было почти готово и оставалось только завожжать, Никита послал кухаркина мужа в сарай за соломой и в амбар за веретьем.

— Вот и ладно. Но, но, не топырься! — говорил Никита, уминая в санях принесённую кухаркиным мужем свежеобмолоченную овсяную солому. — А теперь вот давай дерюжку[19] так постелим, а сверху веретье.[20] Вот так-то, вот так-то и хорошо будеть сидеть, — говорил он, делая то, что говорил, — подтыкая веретье сверх соломы со всех сторон вокруг сиденья.

— Вот спасибо, душа милая, — сказал Никита кухаркину мужу, — вдвоём всё спорее. — И, разобрав ремённые с кольцом на соединённом конце вожжи, Никита присе́л на облучо́к и тро́нул проси́вшую хо́да до́брую ло́шадь по мёрзлому наво́зу двора́ к воро́там.

— Дя́дя Мики́т, дя́дюшка, а дя́дюшка! — закрича́л сза́ди его́ то́неньким голоско́м торопли́во вы́бежавший из сене́й на двор семиле́тний ма́льчик в чёрном полушу́бочке, но́вых бе́лых ва́ленках и тёплой ша́пке. — Меня́ посади́, — проси́л он, на ходу́ застёгивая свой полушу́бочек.

— Ну, ну, беги́, голубо́к, — сказа́л Ники́та и, останови́в, посади́л просия́вшего от ра́дости хозя́йского бле́дного, ху́денького ма́льчика и вы́ехал на у́лицу.

Был час тре́тий. Бы́ло моро́зно — гра́дусов де́сять, па́смурно и ве́трено. Полови́на не́ба была́ закры́та ни́зкой тёмной ту́чей. Но на дворе́ бы́ло ти́хо. На у́лице же ве́тер был заме́тнее: с кры́ши сосе́днего сара́я мело́ снег, и на углу́, у ба́ни, крути́ло. Едва́ то́лько Ники́та вы́ехал в воро́та и заверну́л ло́шадь к крыльцу́, как и Васи́лий Андре́ич, с папиро́ской во рту́, в кры́том овчи́нном тулу́пе,²¹ ту́го и ни́зко подпоя́санный кушако́м, вы́шел из сене́й на повизгивающее под его́ ко́жей обши́тыми ва́ленками,²² уто́птанное сне́гом, высо́кое крыльцо́ и останови́лся. Затяну́вшись оста́тком папиро́ски, он бро́сил её под но́ги и наступи́л на неё и, выпуска́я че́рез усы́ дым и кося́сь на выезжа́вшую ло́шадь, стал заправля́ть с обе́их сторо́н своего́ румя́ного, бри́того, кро́ме усо́в, лица́ углы́ воротника́ тулу́па ме́хом внутрь, так что́бы мех не поте́л от дыха́нья.

— Вишь ты, прокура́т како́й, поспе́л уж!²³ — сказа́л он, увида́в сыни́шку в саня́х. Васи́лий Андре́ич был возбуждён вы́питым с гостя́ми вино́м и потому́ ещё бо́лее, чем обыкнове́нно, дово́лен всем тем, что ему́ принадлежа́ло, и всем тем, что он де́лал. Вид своего́ сы́на, кото́рого он всегда́ в мы́слях называ́л насле́дником, доставля́л ему́ тепе́рь большо́е удово́льствие; он, щу́рясь и оска́ливая дли́нные зу́бы, смотре́л на него́.

Заку́танная по голове́ и плеча́м шерстяны́м платко́м, так что то́лько глаза́ её бы́ли видны́, бере́менная, бле́дная и худа́я жена́ Васи́лия Андре́ича, провожа́я его́, стоя́ла за ним в сеня́х.²⁴

— Пра́во, Никѝту бы взял,[25] — говори́ла она́, ро́бко выступа́я из-за две́ри.

Васи́лий Андре́ич ничего́ не отвеча́л и на слова́ её, кото́рые бы́ли ему́, очеви́дно, неприя́тны, серди́то нахму́рился и плю́нул.

— С деньга́ми пое́дешь, — продолжа́ла тем же жа́лобным го́лосом жена́. — Да и пого́да не подняла́сь бы, пра́во, ей-Бо́гу.[26]

— Что ж я, иль доро́ги не зна́ю, что мне беспреме́нно провожа́того ну́жно? — проговори́л Васи́лий Андре́ич с тем неесте́ственным напряже́нием губ, с кото́рым он обыкнове́нно говори́л с продавца́ми и покупа́телями, с осо́бенной отчётливостью выгова́ривая ка́ждый слог.

— Ну, пра́во, взял бы. Бо́гом тебя́ прошу́! — повтори́ла жена́, перекру́тывая плато́к на другу́ю сто́рону.

— Вот как ба́нный лист приста́ла...[27] Ну куда́ я его́ возьму́?

— Что ж, Васи́лий Андре́ич, я гото́в, — ве́село сказа́л Никѝта. — То́лько лошадя́м ко́рма бы без меня́ да́ли, — приба́вил он, обраща́ясь к хозя́йке.

— Я посмотрю́, Никѝтушка, Семёну велю́, — сказа́ла хозя́йка.

— Так что ж, е́хать, что́ ли, Васи́лий Андре́ич? — сказа́л Никѝта, ожида́я.

— Да уж, ви́дно, ува́жить стару́ху. То́лько ко́ли е́хать, подѝ оде́нь диплома́т[28] како́й потепле́е, — вы́говорил Васи́лий Андре́ич, опя́ть улыба́ясь и подми́гивая гла́зом на про́рванный под мы́шками и в спине́ и в подо́ле бахромо́й разо́рванный, заса́ленный и сваля́вшийся, всего́ вида́вший полушу́бок Никѝты.

— Эй, душа́ ми́лая, выдь[29] подержи́ ло́шадь! — кри́кнул Никѝта во двор куха́ркину му́жу.

— Я сам, я сам! — запища́л ма́льчик, вынима́я зазя́бшие кра́сные ручо́нки из карма́нов и хвата́ясь и́ми за холо́дные ремённые во́жжи.

— То́лько не бо́льно охора́шивай диплома́т-то свой, поживе́й! — кри́кнул Васи́лий Андре́ич, зубоска́ля на Никѝту.

— Одни́м пы́хом,[30] ба́тюшка Васи́лий Андре́ич, — проговори́л Ники́та и, бы́стро мелька́я носка́ми внутрь свои́ми ста́рыми, подши́тыми во́йлочными подмётками ва́ленками, побежа́л во двор и в рабо́чую избу́.[31]

— Ну-ка, Ари́нушка, хала́т дава́й мой с печи́ — с хозя́ином е́хать! — проговори́л Ники́та, вбега́я в избу́ и снима́я куша́к с гвоздя́.

Рабо́тница, вы́спавшаяся по́сле обе́да и тепе́рь ста́вившая самова́р для му́жа, ве́село встре́тила Ники́ту и, заражённая его́ поспе́шностью, так же как он, бы́стро зашевели́лась и доста́ла с пе́чи суши́вшийся там плохо́нький, проно́шенный суко́нный кафта́н и начала́ поспе́шно отря́хивать и размина́ть его́.

— То́-то тебе́ с хозя́ином просто́рно гуля́ть бу́деть,[32] — сказа́л Ники́та куха́рке, всегда́ из добро́душной учти́вости что́-нибудь да говори́вший челове́ку, когда́ остава́лся с ним с гла́зу на́ глаз.

И, обведя́ вокру́г себя́ у́зенький сваля́вшийся кушачо́к, он втяну́л в себя́ и так то́щее брю́хо и затяну́лся по полушу́бку что бы́ло си́лы.

— Вот та́к-то, — сказа́л он по́сле э́того, обраща́ясь уже́ не к куха́рке, а к кушаку́, засо́вывая его́ концы́ за по́яс, — так не вы́скочишь, — и, приподня́в и опусти́в пле́чи, что́бы была́ развя́зность в рука́х, он наде́л све́рху хала́т, то́же напру́жил спи́ну, что́бы рука́м во́льно бы́ло,[33] подби́л под мы́шками и доста́л с по́лки рукави́цы. — Ну вот и ла́дно.

— Ты бы, Степа́ныч, но́ги-то перебу́л, — сказа́ла куха́рка, — а то сапоги́ худы́е.

Ники́та останови́лся, как бы вспо́мнив.

— На́до бы... Ну да сойдёть и так, недалёче![34]

И он побежа́л на двор.

— Не хо́лодно тебе́ бу́дет, Ники́тушка? — сказа́ла хозя́йка, когда́ он подошёл к саня́м.

— Чего́ хо́лодно, тепло́ во́все, — отвеча́л Ники́та, оправля́я соло́му в голова́шках сане́й, что́бы закры́ть е́ю но́ги, и засо́вывая нену́жный для до́брой ло́шади кнут под соло́му.

Василий Андрѐич ужѐ сидѐл в санях, наполняя своѐй одѐтою в двух шу́бах спино́ю почти́ весь гну́тый задо́к санѐй, и то́тчас же, взяв во́жжи, тро́нул ло́шадь. Никита на ходу́ примости́лся спѐреди с лѐвой стороны́ и вы́сунул одну́ но́гу.

2

До́брый жеребѐц с лѐгким скри́пом поло́зьев сдви́нул са́ни и бо́йкой хо́дою тро́нулся по нака́танной в посѐлке моро́зной доро́ге.

— Ты куда́ прицепи́лся? Дай сюда́ кнут, Мики́та! — кри́кнул Васи́лий Андрѐич, очеви́дно ра́дуясь на наслѐдника, кото́рый примости́лся бы́ло сза́ди на поло́зьях. — Я тебя́! Беги́ к мама́ше, су́кин сын![35]

Ма́льчик соскочи́л. Мухо́ртый приба́вил иноходи́[36] и, заёкав,[37] перешёл на ры́сь.

Кресты́,[38] в кото́рых стоя́л дом Васи́лия Андрѐича, состоя́ли из шести́ домо́в. Как то́лько они́ вы́ехали за послѐднюю кузнецо́ву избу́, они́ то́тчас же замѐтили, что вѐтер гора́здо сильнѐе, чем они́ ду́мали. Доро́ги ужѐ почти́ не ви́дно бы́ло. Слѐд поло́зьев то́тчас же замета́ло,[39] и доро́гу мо́жно бы́ло отличи́ть то́лько потому́, что она́ была́ вы́ше остально́го мѐста. По всему́ по́лю кружи́ло и не ви́дно бы́ло той черты́, где схо́дится земля́ с нѐбом. Теля́тинский лес, всегда́ хорошо́ ви́дный, то́лько и́зредка сму́тно чернѐл чѐрез снѐжную пыль. Вѐтер дул с лѐвой стороны́, завора́чивая упо́рно в одну́ сто́рону гри́ву на круто́й, наѐденной шѐе Мухо́ртого, и свора́чивал на́бок его́ просты́м узло́м подвя́занный пуши́стый хвост. Дли́нный воротни́к Ники́ты, сидѐвшего со стороны́ вѐтра, прижима́лся к его́ лицу́ и но́су.

— Бѐгу ей настоя́щего нет, снѐжно,[40] — сказа́л Васи́лий Андрѐич, гордя́сь своѐй хоро́шей ло́шадью. — Я раз в Пашу́тино ѐздил на нём же, так он в полчаса́ доста́вил.[41]

— Чаго́?[42] — спроси́л, не расслы́шав из-за воротника́, Ники́та.

18

— В Пашу́тино, говорю́, в полчаса́ дое́хал, — прокрича́л Васи́лий Андре́ич.

— Что и говори́ть, ло́шадь до́брая! — сказа́л Ники́та. Они́ помолча́ли. Но Васи́лию Андре́ичу хоте́лось говори́ть.

— Что ж, хозя́йке-то, я чай, наказывал бондаря́ не пои́ть?[43] — заговори́л тем же гро́мким го́лосом Васи́лий Андре́ич, столь уве́ренный в том, что Ники́те должно́ быть ле́стно поговори́ть с таки́м значи́тельным и у́мным челове́ком, как он, и столь дово́льный свое́й шу́ткой, что ему́ и в го́лову не приходи́ло, что разгово́р э́тот мо́жет быть неприя́тен Ники́те.

Ники́та опя́ть не расслы́шал относи́мый ве́тром звук слов хозя́ина.

Васи́лий Андре́ич повтори́л свои́м гро́мким, отчётливым го́лосом свою́ шу́тку о бондаре́.

— Бог с ни́ми, Васи́лий Андре́ич, я не вни́каю в э́ти дела́. Мне чтобы ма́лого она́ не обижа́ла, а то бог с ней.[44]

— Это так, — сказа́л Васи́лий Андре́ич. — Ну, а что ж, ло́шадь-то бу́дешь покупа́ть к весне́? — на́чал он но́вый предме́т разгово́ра.

— Да не минова́ть,[45] — отвеча́л Ники́та, отвороти́в воротни́к кафта́на и перегну́вшись к хозя́ину.

Тепе́рь уж разгово́р был интере́сен Ники́те, и он жела́л всё слы́шать.

— Ма́лый возро́с, на́до самому́ паха́ть, а то всё найма́ли,[46] — сказа́л он.

— Что же, бери́те бескостре́чного,[47] до́рого не положу́! — прокрича́л Васи́лий Андре́ич, чу́вствуя себя́ возбуждённым и всле́дствие э́того напада́я на люби́мое, поглоща́вшее все его́ у́мственные си́лы, заня́тие — бары́шничество.

— А то ру́бликов пятна́дцать дади́те, я на ко́нной куплю́, — сказа́л Ники́та, зна́вший, что кра́сная цена́ бескостре́чному, кото́рого хо́чет ему́ сбыть Васи́лий Андре́ич, рубле́й семь, а что Васи́лий Андре́ич, отда́в ему́ э́ту ло́шадь, бу́дет счита́ть её рубле́й в два́дцать пять, и тогда́ за полго́да не уви́дишь от него́ де́нег.

— Лошадь хорошая. Я тебе желаю, как самому себе. По совести. Брехунов никакого человека не обидит. Пускай моё пропадает, а не то чтобы как другие.⁴⁸ По чести, — прокричал он своим тем голосом, которым он заговаривал зубы⁴⁹ своим продавцам и покупателям. — Лошадь настоящая!

— Как есть, — сказал Никита, вздохнув, и, убедившись, что слушать больше нечего, пустил рукой воротник, который тотчас же закрыл ему ухо и лицо.

С полчаса они ехали молча. Ветер продувал Никите бок и руку, где шуба была прорвана.

Он пожимался и дышал в воротник, закрывавший ему рот, и ему всему было не холодно.

— Что, как думаешь, на Карамышево поедем али прямо? — спросил Василий Андреич.

На Карамышево езда была по более бойкой дороге, уставленной хорошими вешками в два ряда, но — дальше. Прямо было ближе, но дорога была мало езжена и вешек не было или были плохонькие, занесённые.

Никита подумал немного.

— На Карамышево хоть и подальше, да ездовитее, — проговорил он.

— Да ведь прямо только лощинку проехать не сбиться, а там лесом хорошо, — сказал Василий Андреич, которому хотелось ехать прямо.

— Воля ваша, — сказал Никита и опять пустил воротник.

Василий Андреич так и сделал и, отъехав с полверсты, у высокой, мотавшейся от ветра дубовой ветки с сухими, кой-где державшимися на ней листьями, свернул влево.

Ветер с поворота стал им почти встречный. И сверху пошёл снежок. Василий Андреич правил, надувал щёки и пускал дух себе снизу в усы. Никита дремал.

Они молча проехали так минут десять. Вдруг Василий Андреич заговорил что-то.

— Чаго? — спросил Никита, открывая глаза.

Василий Андреич не отвечал и изгибался, оглядываясь

назад и вперёд перед лошадью. Лошадь, закурчавившаяся от пота в пахах и на шее, шла шагом.

— Чаго ты, говорю? — повторил Никита.

— Чаго, чаго! — передразнил его Василий Андреич сердито. — Вешек не видать! Должно сбились!

— Так стой же, я дорогу погляжу, — сказал Никита и, легко соскочив с саней и достав кнут из-под соломы, пошёл влево и с той стороны, с которой сидел.

Снег в этом году был неглубокий, так что везде была дорога, но всё-таки кое-где он был по колено и засыпался Никите в сапог. Никита ходил, щупал ногами и кнутом, но дороги нигде не было.

— Ну что? — сказал Василий Андреич, когда Никита подошёл опять к саням.

— С этой стороны нету дороги. Надо в ту сторону пойти походить.

— Вон что-то впереди чернеет, ты туда дойди погляди, — сказал Василий Андреич.

Никита пошёл и туда, подошёл к тому, что чернелось, — это чернелась земля, насыпавшаяся с оголённых озимей сверх снега и окрасившая снег чёрным. Походив и справа, Никита вернулся к саням, обил с себя снег, вытряхнул его из сапога и сел в сани.

— Вправо ехать надо, — сказал он решительно. — Ветер мне в левый бок был, а теперь прямо в морду. Пошёл вправо![50] — решительно сказал он.

Василий Андреич послушал его и взял вправо. Но дороги всё не было. Они проехали так несколько времени. Ветер не уменьшался, и пошёл снежок.

— А мы, Василий Андреич, видно, вовсе сбились, — вдруг сказал как будто с удовольствием Никита. — Это что? — сказал он, указывая на чёрную картофельную ботву, торчавшую из-под снега.

Василий Андреич остановил уже вспотевшую и тяжело водившую крутыми боками лошадь.

— А что? — спросил он.

— А то, что мы на захаровском поле. Вон куда заехали!

— Врё?[51] — откликнулся Василий Андреич.

— Не вру я, Василий Андреич, а правду говорю, — сказал Никита, — и по саням слышно — по картофелищу едем; а вон и кучи, — ботву свозили. Захаровское заводское поле.[52]

— Вишь ты, куда сбились! — сказал Василий Андреич. — Как же быть-то?

— А надо прямо брать, вот и всё, куда-нибудь да выедем, — сказал Никита. — Не в Захаровку, так на барский хутор выедем.

Василий Андреич послушался и пустил лошадь, как велел Никита. Они ехали так довольно долго. Иногда они выезжали на оголённые зеленя, и сани гремели по колчам мёрзлой земли. Иногда выезжали на жнивьё, то на озимое, то на яровое, по которым из-под снега виднелись мотавшиеся от ветра полыни и соломины; иногда въезжали в глубокий и везде одинаково белый ровный снег, сверху которого уже ничего не было видно.

Снег шёл сверху и иногда поднимался снизу. Лошадь, очевидно, уморилась, вся закурчавилась и зайндевела от пота и шла шагом. Вдруг она оборвалась и села в водомоину или в канаву. Василий Андреич хотел остановить, но Никита закричал на него:

— Чего держать! Заехали — выезжать надо. Но, миленький! но! но, родной! — закричал он весёлым голосом на лошадь, выскакивая из саней и сам увязая в канаве.

Лошадь рванулась и тотчас же выбралась на мёрзлую насыпь. Очевидно, это была копаная[53] канава.

— Где ж это мы? — сказал Василий Андреич.

— А вот узнаем! — отвечал Никита. — Трогай знай, куда-нибудь выедем.

— А ведь это, должно, Горячкинский лес? — сказал Василий Андреич, указывая на что-то чёрное, показавшееся из-за снега впереди их.

— Вот подъедем, увидим, какой такой лес, — сказал Никита.

Никита видел, что со стороны черневшегося чего-то неслись сухие продолговатые листья лозины, и потому знал, что это не лес, а жильё, но не хотел говорить. И действительно, не проехали они ещё и десяти саженей после канавы, как перед ними зачернелись, очевидно, деревья, и послышался какой-то новый унылый звук. Никита угадал верно: это был не лес, а ряд высоких лозин, с кое-где трепавшимися ещё на них листьями. Лозины, очевидно, были обсажены по канаве гумна. Подъехав к уныло гудевшим на ветру лозинам, лошадь вдруг поднялась передними ногами выше саней, выбралась и задними на возвышенье, повернула влево и перестала утопать в снегу по колена. Это была дорога.

— Вот и приехали, — сказал Никита, — а незнамо куда.[54]

Лошадь, не сбиваясь, пошла по занесённой дороге, и не проехали они по ней сорока саженей, как зачернелась прямая полоса плетня риги под толсто засыпанной снегом крышей, с которой не переставая сыпался снег. Миновав ригу, дорога повернула по ветру, и они въехали в сугроб. Но впереди виднелся проулок между двумя домами, так что, очевидно, сугроб надуло на дороге и надо было переехать его. И действительно, переехав сугроб, они въехали в улицу. У крайнего двора на верёвке отчаянно трепалось от ветра развешанное замёрзшее бельё: рубахи, одна красная, одна белая, портки, онучи[55] и юбка. Белая рубаха особенно отчаянно рвалась, махая своими рукавами.

— Вишь, баба ленивая, а либо умираеть, бельё к празднику не собрала, — сказал Никита, глядя на мотавшиеся рубахи.

3

В начале улицы ещё было ветрено, и дорога была заметена, но в середине деревни стало тихо, тепло и весело. У одного двора лаяла собака, у другого баба, закрывшись с головой поддёвкой, прибежала откуда-то и зашла в дверь избы, остановившись на пороге, чтобы поглядеть на проезжающих. Из середины деревни слышались песни девок.

В деревне, казалось, и ветра, и снега, и мороза было меньше.

— А ведь это Гришкино, — сказал Василий Андреич.

— Оно́ и есть, — отвеча́л Ники́та.

И действи́тельно, э́то бы́ло Гри́шкино. Выходи́ло так, что они́ сби́лись вле́во и прое́хали вёрст во́семь не совсе́м в том направле́нии, кото́рое им ну́жно бы́ло, но всё-таки подви́нулись к ме́сту своего́ назначе́ния. До Горя́чкина от Гри́шкина бы́ло вёрст пять.

В середи́не дере́вни они́ наткну́лись на высо́кого челове́ка, ше́дшего посереди́не у́лицы.

— Кто е́дет? — кри́кнул э́тот челове́к, остана́вливая ло́шадь, и, то́тчас же узна́в Васи́лия Андре́ича, схвати́лся за огло́блю и перебира́я по ней рука́ми, дошёл до сане́й и сел на облучо́к.

Э́то был знако́мый Васи́лию Андре́ичу мужи́к Иса́й, изве́стный в окру́ге за пе́рвого конокра́да.

— А! Васи́лий Андре́ич! Куда́ же э́то вас Бог несёт? — сказа́л Иса́й, обдава́я Ники́ту за́пахом вы́питой во́дки.

— Да мы в Горя́чкино бы́ло.[56]

— Во́на[57] куда́ зае́хали! Вам бы на Мала́хово на́до.

— Ма́ло что на́до, да не потра́фили,[58] — сказа́л Васи́лий Андре́ич, остана́вливая ло́шадь.

— Лоша́дка-то до́брая, — сказа́л Иса́й, огля́дывая ло́шадь и затя́гивая ей привы́чным движе́нием под са́мую ре́пицу осла́бший у́зел завя́занного густо́го хвоста́.

— Что же, ночева́ть, что ли?

— Не, брат, обяза́тельно е́хать на́до.

— Ну́жно, ви́дно. А э́то чей? А! Ники́та Степа́ныч!

— А то кто же? — отвеча́л Ники́та. — А вот как бы, душа́ ми́лая, нам тут не сби́ться опя́ть.

— Где же тут сби́ться! Повора́чивай наза́д, по у́лице пря́мо, а там, как вы́едешь, всё пря́мо. Вле́во не бери́. Вы́едешь на больша́к, а тогда́ — впра́во.

— Поворо́т-то с больша́ка где? По ле́тнему и́ли по зи́мнему?[59] — спроси́л Ники́та.

— По зи́мнему. Сейча́с, как вы́едешь, ку́стики, насу́против ку́стиков ещё ве́шка больша́я дубо́вая, кудря́вая стои́т, — тут и есть.

Васи́лий Андре́ич поверну́л ло́шадь наза́д и пое́хал слободо́й.

— А то ночевали бы! — прокричал им сзади Исай.

Но Василий Андреич не отвечал ему и потрогивал лошадь: пять вёрст ровной дороги, из которых две были лесом, казалось, легко проехать, тем более что ветер как будто затих и снег переставал.

Проехав опять улицей по накатанной и черневшей кое-где свежим навозом дороге и миновав двор с бельём, у которого белая рубаха уже сорвалась и висела на одном мёрзлом рукаве, они опять выехали к страшно гудевшим лозинам и опять очутились в открытом поле. Метель не только не стихала, но, казалось, ещё усилилась. Дорога вся была заметена, и можно было знать, что не сбился, только по вешкам. Но и вешки впереди трудно было рассматривать, потому что ветер был встречный.

Василий Андреич щурился, нагибал голову и разглядывал вешки, но больше пускал лошадь, надеясь на неё. И лошадь действительно не сбивалась и шла, поворачивая то вправо, то влево по извилинам дороги, которую она чуяла под ногами, так что, несмотря на то, что снег сверху усилился и усилился ветер, вешки продолжали быть видны то справа, то слева.

Так проехали они минут десять, как вдруг прямо перед лошадью показалось что-то чёрное, двигавшееся в косой сетке гонимого ветром снега. Это были попутчики. Мухортый совсем догнал их и стукал ногами об кресла впереди едущих саней.

— Объезжай... а-а-й... передом! — кричали из саней.

Василий Андреич стал объезжать. В санях сидели три мужика и баба. Очевидно, это ехали гости с праздника. Один мужик хлестал засыпанный снегом зад лошадёнки хворостиной. Двое, махая руками, кричали что-то в передке. Укутанная баба, вся засыпанная снегом, не шевелясь, сидела, нахохлившись, в задке саней.

— Чьи будете? — закричал Василий Андреич.

— А-а-а... ские![60] — только слышно было.

— Чьи, говорю?

— А-а-а-ские! — изо всех сил закричал один из мужиков, но всё-таки нельзя было расслышать, какие.

— Валй! Не сдавай![61] — кричал другой, не переставая молотить хворостиной по лошадёнке.

— От праздника, видно?

— Пошёл, пошёл! Валй, Сёмка! Объезжай! Валй!

Сани стукнулись друг о друга отводами,[62] чуть не зацепились, расцепились, и мужицкие сани стали отставать.

Косматая, вся засыпанная снегом, брюхастая лошадёнка, тяжело дыша под низкой дугой,[63] очевидно из последних сил тщетно стараясь убежать от ударявшей её хворостины, ковыляла своими коротенькими ногами по глубокому снегу, подкидывая их под себя. Морда, очевидно молодая, с подтянутой, как у рыбы, нижней губой, с расширенными ноздрями и прижатыми от страха ушами, подержалась несколько секунд подле плеча Никиты, потом стала отставать.

— Вино-то что делаеть, — сказал Никита. — На отделку замучили лошадёнку. Азияты как есть![64]

Несколько минут слышны были сопенье ноздрей замученной лошадёнки и пьяные крики мужиков, потом затихло сопенье, потом замолкли и крики. И кругом опять ничего не стало слышно, кроме свистящего около ушей ветра и изредка слабого скрипа полозьев по сдутым местам дороги.[65]

Встреча эта развеселила и ободрила Василия Андреича, и он смелее, не разбирая вешек, погнал лошадь, надеясь не неё.

Никите делать было нечего, и, как всегда, когда он находился в таком положении, он дремал, наверстывая много недоспанного времени. Вдруг лошадь остановилась, и Никита чуть не упал, клюнув вперёд носом.

— А ведь мы опять неладно едем, — сказал Василий Андреич.

— А что?

— Да вешек не видать. Должно, опять сбились с дороги.

— А сбились с дороги, поискать надо, — коротко сказал Никита, встал и опять, легко шагая своими внутрь вывернутыми ступнями, пошёл ходить по снегу.

Он долго ходил, скрываясь из вида, опять показываясь и опять скрываясь, и, наконец, вернулся.

— Нет тут дороги, может впереди где — сказал он, садясь на сани.

Начинало уже заметно смеркаться. Метель не усиливалась, но и не слабела.

— Хоть бы тех мужиков услыхать,[66] — сказал Василий Андреич.

— Да вишь, не догнали, должно далеко сбились. А може,[67] и они сбились, — сказал Никита.

— Куда же ехать-то? — сказал Василий Андреич.

— А пустить лошадь надо, — сказал Никита. — Он приведёть. Давай вожжи.

Василий Андреич отдал вожжи тем более охотно, что руки его в тёплых перчатках начинали зябнуть.

Никита взял вожжи и только держал их, стараясь не шевелить ими, радуясь на ум своего любимца. Действительно, умная лошадь, повёртывая то в одну, то в другую сторону то одно, то другое ухо, стала поворачивать.

— Только не говорить, — приговаривал Никита. — Вишь, что делаеть! Иди, иди знай! Так, так.

Ветер стал дуть взад, стало теплее.

— И умён же, — продолжал радоваться на лошадь Никита. — Киргизёнек[68] — тот силён, а глуп. А этот, гляди, что ушами делаеть. Никакого телеграфа не надо, за версту чуеть.

И не прошло ещё получаса, как впереди действительно зачернело что-то: лес ли, деревня, и с правой стороны показались опять вёшки. Очевидно, они опять выехали на дорогу.

— А ведь это опять Гришкино, — вдруг проговорил Никита.

Действительно, теперь слева у них была та самая рига, с которой несло снег, и дальше та же верёвка с замёрзшим бельём, рубахами и портками, которые всё так же отчаянно трепались от ветра.

Опять они въехали в улицу, опять стало тихо, тепло, весело, опять стала видна навозная дорога, опять послышались голоса, песни, опять залаяла собака. Уже настолько смерклось, что в некоторых окнах засветились огни.

Посередине улицы Василий Андреич повернул лошадь к большому, в две кирпичные связи,⁶⁹ дому и остановил её у крыльца.

Никита подошёл к занесённому освещённому окну, в свете которого блестели перепархивающие снежинки, и постучал кнутовищем.

— Кто там? — откликнулся голос на призыв Никиты.

— С Крестов, Брехуновы, милый человек, — отвечал Никита. — Выдь-ка на час!⁷⁰

От окна отошли, и через минуты две — слышно было — отлипла дверь в сенях, потом стукнула щеколда в наружной двери, и, придерживая дверь от ветра, высунулся высокий старый с белой бородой мужик в накинутом полушубке сверх белой праздничной рубахи и за ним малый в красной рубахе и кожаных сапогах.

— Ты, что ли, Андреич? — сказал старик.

— Да вот заплутали, брат, — сказал Василий Андреич, — хотели в Горячкино, да вот к вам попали. Отъехали, опять заплутали.

— Вишь, как сбились, — сказал старик. — Петрушка, поди отвори ворота! — обратился он к малому в красной рубахе.

— Это можно, — отвечал малый весёлым голосом и побежал в сени.

— Да мы, брат, не ночевать, — сказал Василий Андреич.

— Куда ехать — ночное время, ночуй!

— И рад бы ночевать, да ехать надо. Дела, брат, нельзя.

— Ну, погрейся по крайности, прямо к самовару, — сказал старик.

— Погреться — это можно, — сказал Василий Андреич, — темнее не будет, а месяц взойдёт — посветлеет. Зайдём, что ль, погреемся, Микит?⁷¹

— Ну, что ж, и погреться можно,⁷² — сказал Никита, сильно перезябший и очень желавший отогреть в тепле свои зазябшие члены.

Василий Андрѐич пошёл со старикѐм в избу́, а **Никѝта** въѐхал в отворенные Петру́шкой ворѐта и, по указа́нию егѐ, вдвѝнул лѐшадь под навѐс сара́я. Сара́й был поднавѐженный, и высѐкая дуга́ зацепѝла за перемёт. Уж усѐвшиеся на перемѐте ку́ры с петухѐм чтѐ-то недовѐльно заква́хтали и поца́пались ла́пками по перемёту. Встревѐженные ѐвцы, тѐпая копы́тами по мёрзлому навѐзу, шара́хнулись в стѐрону. Соба́ка, отча́янно взвѝзгивая, с испу́гом и злѐстью по-щеня́чьи залива́лась-ла́яла[73] на чужѐго.

Никѝта поговорѝл со всѐми: извинѝлся перед ку́рами, успокѐил их, что бѐльше не потревѐжит, упрекну́л овѐц за то, что онѝ пуга́ются, са́ми не зна́я чегѐ, и не перестава́я усѐвещивал собачѐнку, в то врѐмя как привя́зывал лѐшадь.

— Вот так-то и ла́дно бу́деть, — сказа́л он, охлѐпывая с себя́ снег. — Вишь, залива́ется! — приба́вил он на соба́ку. — Да бу́деть[74] тебѐ! Ну, бу́де, глу́пая, бу́де! Тѐлько себя́ беспокѐишь, — говорѝл он. — Не вѐры, свой...[75]

— А ѐто, как ска́зано, три дома́шние совѐтника, — сказа́л ма́лый, закѝдывая сѝльной рукѐй под навѐс оста́вшиеся снару́жи са́нки.

— Ѐто как же совѐтники? — сказа́л Никѝта.

— А так в Пульсѐне напеча́тывано:[76] вор подкра́дывается к дѐму, соба́ка ла́ет, — не зева́й, зна́чит, смотрѝ. Петух поёт — зна́чит, встава́й. Кѐшка умыва́ется — зна́чит, дорогѐй гость, приготѐвься угостѝть егѐ, — проговѐрѝл ма́лый, улыба́ясь.

Петру́ха был гра́мотный и знал почтѝ наизу́сть имѐвшуюся у негѐ едѝнственную кнѝгу Паульсѐна и любѝл, осѐбенно когда́ он был немнѐго вы́пивши, как ны́нче, приводѝть из неё каза́вшиеся ему́ подходя́щими к слу́чаю изречѐния.

— Ѐто тѐчно, — сказа́л Никѝта.

— Прозя́б, я чай, дя́дюшка? — приба́вил Петру́ха.

— Да, ѐсть-таки, — сказа́л Никѝта, и онѝ пошлѝ чѐрез двор и сѐни в избу́.

Двор, в который заехал Василий Андреич, был один из самых богатых в деревне. Семья держала пять наделов и принанимала ещё землю на стороне. Лошадей во дворе было шесть, три коровы, два подтёлка, штук двадцать овец. Всех семейных во дворе было двадцать две души: четыре сына женатых, шестеро внуков, из которых один Петруха был женатый, два правнука, трое сирот и четыре снохи с ребятами. Это был один из редких домов, оставшихся ещё неделёнными; но и в нём уже шла глухая внутренняя, как всегда начавшаяся между баб, работа раздора, которая неминуемо должна была скоро привести к разделу. Два сына жили в Москве в водовозах, один был в солдатах. Дома теперь были старик, старуха, второй сын — хозяин и старший сын, приехавший из Москвы на праздник, и все бабы и дети; кроме домашних, был ещё гость-сосед и кум.

Над столом в избе висела с верхним щитком лампа, ярко освещавшая под собой чайную посуду, бутылку с водкой, закуску и кирпичные стены, в красном углу[77] увешанные иконами и по обе стороны их картинками. На первом месте сидел за столом в одном чёрном полушубке Василий Андреич, обсасывая свои замёрзшие усы и оглядывая кругом народ и избу своими выпуклыми и ястребиными глазами. Кроме Василия Андреича, за столом сидел лысый белобородый старик хозяин в белой домотканой рубахе; рядом с ним, в тонкой ситцевой рубахе, с здоровенной спиной и плечами, — сын, приехавший из Москвы на праздник, и ещё другой сын, широкоплечий — старший брат, хозяйничавший в доме, и худощавый рыжий мужик — сосед.

Мужики, выпив и закусив, только что собирались пить чай, и самовар уже гудел, стоя на полу у печки. На полатях[78] и на печке виднелись ребята. На нарах сидела баба над люлькою. Старушка хозяйка, с покрытым во всех направлениях мелкими морщинками, морщившими даже её губы, лицом, ухаживала за Василием Андреичем.

В то время как Никита входил в избу, она, налив в толстого стекла стаканчик водки, подносила его гостю.

— Не обессудь, Василий Андреич, нельзя, проздравить[79] надо, — говорила она. — Выкушай, касатик.

Вид и запах водки, особенно теперь, когда он перезяб и уморился, сильно смутили Никиту. Он нахмурился и, отряхнув шапку и кафтан от снега, стал против образов и, как бы не видя никого, три раза перекрестился и поклонился образам, потом, обернувшись к хозяину-старику, поклонился сперва ему, потом всем бывшим за столом, потом бабам, стоявшим около печки, и, проговоря: «С праздником» — стал раздеваться, не глядя на стол.

— Ну и зайндевел же ты, дядя, — сказал старший брат, глядя на запушённое снегом лицо, глаза и бороду Никиты.

Никита снял кафтан, ещё отряхнул его, повесил к печи и подошёл к столу. Ему тоже предложили водки. Была минута мучительной борьбы: он чуть не взял стаканчик и не опрокинул в рот душистую светлую влагу; но он взглянул на Василия Андреича, вспомнил зарок, вспомнил пропитые сапоги, вспомнил бондаря, вспомнил малого, которому он обещал к весне купить лошадь, вздохнул и отказался.

— Не пью, благодарим покорно, — сказал он, нахмурившись, и присел ко второму окну на лавку.

— Что же так? — сказал старший брат.

— Не пью, да и не пью, — сказал Никита, не поднимая глаз, кося́сь на свой жиденькие усы́ и бороду и оттаивая с них сосульки.

— Ему не годится, — сказал Василий Андреич, закусывая баранкой выпитый стаканчик.[80]

— Ну, так чайку,[81] — сказала ласковая старушка. — Я чай, иззяб, сердечный. Что вы, бабы, с самоваром копаетесь?

— Готов, — отвечала молодайка и, обмахнув занавеской уходивший прикрытый самовар,[82] с трудом донесла его, подняла и стукнула на стол.

Между тем Василий Андреич рассказывал, как они сбились, как два раза возвращались в ту же деревню, как плутали, как встретили пьяных. Хозяева дивились, объясняли, где и почему они сбились и кто были пьяные, которых они встретили, и учили, как надо ехать.

— Тут до Молчановки малый ребёнок доедет, только потрафить на повороте с большака, — куст тут видать. А вы не доехали! — говорил сосед.

— А то ночевали бы. Бабы постелют, — уговаривала старушка.

Утречком поехали бы, разлюбезное дело,[83] — подтверждал старик.

— Нельзя, брат, дела! — сказал Василий Андреич. — Час упустишь, годом не наверстаешь, — добавил он, вспоминая о роще и о купцах, которые могли перебить у него эту покупку. — Доедем ведь? — обратился он к Никите.

Никита долго не отвечал, всё как будто озабоченный оттаиванием бороды и усов.

— Не сбиться бы опять, — сказал он мрачно.

Никита был мрачен потому, что ему страстно хотелось водки,[84] и одно, что могло затушить это желание, был чай, а чая ещё ему не предлагали.

— Да ведь только до поворота бы доехать, а там уж не собьёмся; лесом до самого места, — сказал Василий Андреич.

— Дело ваше, Василий Андреич; ехать так ехать, — сказал Никита, принимая подаваемый ему стакан чаю.

— Напьёмся чайку, да и марш.

Никита ничего не сказал, но только покачал головой и, осторожно вылив чай на блюдечко, стал греть о пар свой, с всегда напухшими от работы пальцами, руки. Потом, откусив крошечный кусочек сахару, он поклонился хозяевам и проговорил:

— Будьте здоровы, — и потянул в себя согревающую жидкость.

— Кабы проводил кто до поворота,[85] — сказал Василий Андреич.

— Что же, это можно, — сказал старший сын. — Петруха запряжёт, да и проводит до поворота.

— Так запрягай, брат. А уж я поблагодарю.

— И, чего ты, касатик! — сказала ласковая старушка. — Мы рады душой.

— Петруха, иди запряги кобылу, — сказал старший брат.

— Это можно, — сказал Петруха, улыбаясь, и тотчас же, сорвав с гвоздя шапку, побежал запрягать.

Пока закладывали лошадь, разговор перешёл на то, на чём он остановился в то время, как Василий Андреич подъехал к окну. Старик жаловался соседу-старосте на третьего сына, не приславшего ему ничего к празднику, а жене приславшего французский платок.

— Отбивается народ молодой от рук, — говорил старик.

— Как отбивается-то, — сказал кум-сосед, — сладу нет! Больно умны стали. Вон Дёмочкин — так отцу руку сломал. Всё от большого ума, видно.

Никита вслушивался, всматривался в лица и, очевидно, желал тоже принять участие в разговоре, но был весь поглощён чаем и только одобрительно кивал головой. Он выпивал стакан за стаканом, и ему становилось всё теплее и теплее, и приятнее и приятнее. Разговор продолжался долго всё об одном и том же, о вреде разделов, и разговор, очевидно, был не отвлечённый, а дело шло о разделе в этом доме, — разделе, которого требовал второй сын, тут же сидевший и угрюмо молчавший. Очевидно, это было больное место, и вопрос этот занимал всех домашних, но они из приличия при чужих не разбирали своего частного дела. Но, наконец, старик не выдержал и со слезами в голосе заговорил о том, что делиться он не даст, пока жив, что дом у него слава Богу, а разделить — все по миру пойдут.[86]

— Вот как Матвеевы, — сказал сосед. — Был дом настоящий, а разделили — ни у кого ничего нет.

— Так-то и ты хочешь, — обратился старик к сыну.

Сын ничего не отвечал, и наступило неловкое молчание. Молчание это перервал Петруха, уже заложивший лошадь и вернувшийся за несколько минут перед этим в избу и всё время улыбавшийся.

— Так-то у Пульсона есть басня, — сказал он, — дал родитель сыновьям веник сломать. Сразу не сломали, а по прутику — легко. Так и это, — сказал он, улыбаясь во весь рот. — Готово! — прибавил он.

— А готово, так поедем, — сказал Василий Андреич. — А насчёт дележу ты, дедушка, не сдавайся. Ты наживал, ты и хозяин. Мировому подай. Он порядок укажет.

— Так фордыбачить,[87] так фордыбачить,[87] — плаксивым голосом говорил всё своё старик, — что нет с ним ладов. Как осатанел ровно!

Никита между тем, допив пятый стакан чаю, всё-таки не перевернул его, а положил боком, надеясь, что ему нальют ещё шестой. Но воды в самоваре уже не было, и хозяйка не налила ему ещё, да и Василий Андреич стал одеваться. Нечего было делать. Никита тоже встал, положил назад в сахарницу свой обкусанный со всех сторон кусочек сахару, обтёр полою мокрое от пота лицо и пошёл надевать халат.

Одевшись, он тяжело вздохнул и, поблагодарив хозяев и простившись с ними, вышел из тёплой, светлой горницы в тёмные, холодные, гудевшие от рвавшегося в них ветра и занесённые снегом через щели дрожавших дверей сени и оттуда — на тёмный двор.

Петруха в шубе стоял с своею лошадью посередине двора и говорил, улыбаясь, стихи из Паульсона. Он говорил: «Буря с мглою небо скроить, вихри снежные крутять, аж как зверь она завоить, аж заплачеть как дитё».[88]

Никита одобрительно покачивал головой и разбирал вожжи.

Старик, провожая Василия Андреича, вынес фонарь в сени и хотел посветить ему, но фонарь тотчас же задуло. И на дворе даже заметно было, что метель разыгралась ещё сильнее.

«Ну, уж погодка, — подумал Василий Андреич, — пожалуй, и не доедешь, да нельзя, дела! Да и собрался уж, и лошадь хозяйская запряжена. Доедем, Бог даст!»

Хозяин-старик тоже думал, что не следовало ехать, но он уже уговаривал остаться, его не послушали. Больше просить нечего. «Может, я от старости так робею, а они

34

доедут, — думал он. — Да и по крайности спать ляжем вовремя. Без хлопот».

Петруха же и не думал об опасности: он так знал дорогу и всю местность, а кроме того, стишок о том, как «вихри снежные крутят», бодрил его тем, что совершенно выражал то, что происходило на дворе. Никите же вовсе не хотелось ехать, но он уже давно привык не иметь своей воли и служить другим, так что никто не удержал отъезжающих.

5

Василий Андреич подошёл к саням, с трудом разбирая в темноте, где они, влез в них и взял вожжи.

— Пошёл передом![89] — крикнул он.

Петруха, стоя на коленках в розвальнях, пустил свою лошадь. Мухортый, уже давно ржавший, чуя впереди себя кобылу, рванулся за нею, и они выехали на улицу. Опять поехали слободой и той же дорогой, мимо того же двора с развешанным замёрзшим бельём, которого теперь уже не видно было; мимо того же сарая, который уже был занесён почти до крыши и с которого сыпался бесконечный снег; мимо тех же мрачно шумящих, свистящих и гнущихся лозин и опять въехали в то снежное, сверху и снизу бушевавшее море. Ветер был так силен, что когда он был вбок и седоки парусили против него, то он накренивал набок санки и сбивал лошадь в сторону. Петруха ехал развалистой рысцой своей доброй кобылы впереди и бодро покрикивал. Мухортый рвался за нею.

Проехав так минут десять, Петруха обернулся и что-то прокричал. Ни Василий Андреич, ни Никита не слышали от ветра, но догадались, что они приехали к повороту. Действительно, Петруха поворотил направо, и ветер, бывший вбок, опять стал навстречу, и справа, сквозь снег, завиднелось что-то чёрное. Это был кустик на повороте.

— Ну, с Богом!

— Спасибо, Петруха!

— Бу́ря не́бо мгло́ю скро́йт, — прокрича́л Петру́ха и скры́лся.

— Вишь, стихотво́рец како́й, — проговори́л Васи́лий Андре́ич и тро́нул вожжа́ми.

— Да, молоде́ц хоро́ший, мужи́к настоя́щий, — сказа́л Ники́та.

Пое́хали да́льше.

Ники́та, уку́тавшись и вжав го́лову в пле́чи, так что небольша́я борода́ его́ облега́ла ему́ ше́ю, сиде́л мо́лча, стара́ясь не потеря́ть на́бранное в избе́ за ча́ем тепло́. Пе́ред собо́ю он ви́дел прямы́е ли́нии огло́бель, беспреста́нно обма́нывавшие его́ и каза́вшиеся ему́ нака́танной доро́гой, коле́блющийся зад ло́шади с завора́чиваемым в одну́ сто́рону подвя́занным узло́м хвосто́м и да́льше, впереди́, высо́кую дугу́ и кача́вшуюся го́лову и ше́ю ло́шади с развева́ющейся гри́вой. И́зредка ему́ попада́лись в глаза́ ве́шки, так что он знал, что е́хали пока́ по доро́ге, и ему́ де́лать бы́ло не́чего.

Васи́лий Андре́ич пра́вил, предоставля́я ло́шади само́й держа́ться доро́ги. Но Мухо́ртый, несмотря́ на то, что вздохну́л в дере́вне, бежа́л неохо́тно и как бу́дто свора́чивал с доро́ги, так что Васи́лий Андре́ич не́сколько раз поправля́л его́.

«Вот спра́ва одна́ ве́шка, вот друга́я, вот и тре́тья. — счита́л Васи́лий Андре́ич, — а вот впереди́ и лес», — поду́мал он, вгля́дываясь во что́-то черне́ющее впереди́ его́. Но то, что показа́лось ему́ ле́сом, был то́лько куст. Куст прое́хали, прое́хали ещё са́жен два́дцать, — четвёртой ве́шки не́ было, и ле́са не́ было. «До́лжен сейча́с быть лес», — ду́мал Васи́лий Андре́ич и, возбуждённый вино́м и ча́ем, не остана́вливаясь, потро́гивал вожжа́ми, и поко́рное, до́брое живо́тное слу́шалось и то и́ноходью, то небольшо́ю рысцо́й бежа́ло туда́, куда́ его́ посыла́ли, хотя́ и зна́ло, что его́ посыла́ют совсе́м не туда́, куда́ на́до. Прошло́ мину́т де́сять, ле́са всё не́ было.

— А ведь мы опя́ть сби́лись! — сказа́л Васи́лий Андре́ич, остана́вливая ло́шадь.

Ники́та мо́лча вы́лез из сане́й и, приде́рживая свой

халат, то ли́пнувший к нему́ по ве́тру, то отвора́чивающийся и слеза́ющий с него́, пошёл ла́зить по сне́гу; пошёл в одну́ сто́рону, пошёл в другу́ю. Ра́за три он скрыва́лся совсе́м из ви́да. Наконе́ц он верну́лся и взял во́жжи из рук Васи́лия Андре́ича.

— Впра́во е́хать на́до, — сказа́л он стро́го и реши́тельно, повора́чивая ло́шадь.

— Ну, впра́во так впра́во пошёл, — сказа́л Васи́лий Андре́ич, отдава́я во́жжи и засо́вывая озя́бшие ру́ки в рукава́.

Ники́та не отвеча́л.

— Ну, дружо́к, потруди́сь, — кри́кнул он на ло́шадь; но ло́шадь, несмотря́ на потря́хивание вожже́й, шла то́лько ша́гом.

Снег был кое-где по коле́но, и са́ни подёргивались ры́вом с ка́ждым движе́нием ло́шади.

Ники́та доста́л кнут, висе́вший на передке́, и стегну́л. До́брая, непривы́чная к кнуту́ ло́шадь рвану́лась, пошла́ ры́сью, но то́тчас же опя́ть перешла́ на и́ноходь и шаг. Так прое́хали мину́т пять. Бы́ло так темно́ и так кури́ло све́рху и сни́зу, что дуги́ иногда́ не́ было ви́дно. Са́ни, каза́лось иногда́, стоя́ли на ме́сте, и по́ле бежа́ло наза́д. Вдруг ло́шадь кру́то останови́лась, очеви́дно чу́я что-то нела́дное пе́ред собо́й. Ники́та опя́ть легко́ вы́скочил, броса́я во́жжи, и пошёл вперёд ло́шади, что́бы посмотре́ть, чего́ она́ останови́лась; но то́лько что он хоте́л ступи́ть шаг пе́ред ло́шадью, как но́ги его́ поскользну́лись и он покати́лся под каку́ю-то кручь.

— Тпру, тпру, тпру, — говори́л он себе́, па́дая и стара́ясь останови́ться, но не мог удержа́ться и останови́лся то́лько вре́завшись нога́ми в нанесённый внизу́ овра́га то́лстый слой сне́га.

Нави́сший с кра́я кру́чи сугро́б, растрево́женный паде́нием Ники́ты, насы́пался на него́ и засы́пал ему́ сне́гу за ши́ворот...

— Эко ты как!⁹⁰ — укори́зненно проговори́л Ники́та, обраща́ясь к сугро́бу и овра́гу и вытря́хивая снег и́з-за воротника́.

— Никита, а Никит! — кричал Василий Андреич сверху.

Но Никита не откликался.

Ему некогда было: он отряхался, потом отыскивал кнут, который выронил, когда скатился под кручу. Найдя кнут, он полез было прямо назад, где скатился, но влезть не было возможности; он скатывался назад, так что должен был низом пойти искать выхода кверху. Сажени на три от того места, где он скатился, он с трудом вылез на четвереньках на гору и пошёл по краю оврага к тому месту, где должна была быть лошадь. Лошади и саней он не видал; но так как он шёл на ветер, он, прежде чем увидал их, услыхал крики Василия Андреича и ржанье Мухортого, звавших его.

— Иду, иду, чего гогочешь! — проговорил он.

Только совсем уже дойдя до саней, он увидал лошадь и стоявшего возле них Василия Андреича, казавшегося огромным.

— Куда, к дьяволу, запропастился?[91] Назад ехать надо. Хоть в Гришкино вернёмся, — сердито стал выговаривать Никите хозяин.

— И рад бы вернулся, Василий Андреич, да куда ехать-то? Тут овражище такой, что попади туда — и не выберешься. Я туда засветил так, что насилу выдрался.[92]

— Что же, не стоять же тут? Куда-нибудь надо же ехать, — сказал Василий Андреич.

Никита ничего не отвечал. Он сел на сани задом к ветру, разулся и вытряхнул снег, набившийся ему в сапоги, и, достав соломки, старательно заткнул ею изнутри дыру в левом сапоге.

Василий Андреич молчал, как бы предоставив теперь уже всё Никите. Переобувшись, Никита убрал ноги в сани, надел опять рукавицы, взял вожжи и повернул лошадь вдоль оврага. Но не проехали они и ста шагов, как лошадь опять упёрлась. Перед ней опять был овраг.

Никита опять вылез и опять пошёл лазить по снегу. Довольно долго он ходил. Наконец появился с противоположной стороны, с которой он пошёл.

— Андре́ич, жив? — кри́кнул он.

— Здесь! — откли́кнулся Васи́лий Андре́ич. — Ну, что?

— Да не разребёшь ника́к. Темно́. Овра́ги каки́е-то. На́до опя́ть на ве́тер е́хать.

Опя́ть пое́хали, опя́ть ходи́л Ники́та, ла́зая по снегу. Опя́ть сади́лся, опя́ть ла́зил и, наконе́ц, запы́хавшись, останови́лся у сане́й.

— Ну, что? — спроси́л Васи́лий Андре́ич.

— Да что, вы́мотался я весь! Да и ло́шадь стано́вится.[93]

— Так что же де́лать?

— Да вот, посто́й.

Ники́та опя́ть ушёл и ско́ро верну́лся.

— Держи́ за мной,[94] — сказа́л он, заходя́ пе́ред ло́шадью.

Васи́лий Андре́ич уже́ не прика́зывал ничего́, а поко́рно де́лал то, что говори́л ему́ Ники́та.

— Сюда́, за мной! — закрича́л Ники́та, отходя́ бы́стро впра́во и хвата́я за вожжу́ Мухо́ртого и направля́я его́ куда́-то кни́зу в сугро́б.

Ло́шадь снача́ла уперла́сь, но пото́м рвану́лась, наде́ясь проскочи́ть сугро́б, но не оси́лила и се́ла в него́ по хому́т.

— Вылеза́й! — закрича́л Ники́та на Васи́лия Андре́ича, продолжа́вшего сиде́ть в саня́х, и, подхвати́в под одну́ огло́блю, стал надвига́ть са́ни на ло́шадь. — Трудне́нько, брат, — обрати́лся он к Мухо́ртому, — да что же де́лать, понату́жься! Но, но, немно́го! — кри́кнул он.

Ло́шадь рвану́лась раз, друго́й, но всё-таки не вы́бралась и опя́ть се́ла, как бу́дто что́-то обду́мывала.

— Что же, брат, так нела́дно, — усове́щивал Ники́та Мухо́ртого. — Ну, ещё!

Опя́ть Ники́та потащи́л за огло́блю с свое́й стороны́; Васи́лий Андре́ич де́лал то́ же с друго́й. Ло́шадь пошеве́лила голово́й, пото́м вдруг рвану́лась.

— Ну! но! не пото́нешь небо́сь! — крича́л Ники́та.

Прыжо́к, друго́й, тре́тий, и, наконе́ц, ло́шадь вы́бралась из сугро́ба и останови́лась, тяжело́ дыша́ и отря́хиваясь.

Никита хотел вести дальше, но Василий Андреич так запыхался в своих двух шубах, что не мог идти и повалился в сани.

— Дай вздохнуть, — сказал он, распуская платок, которым он повязал в деревне воротник шубы.

— Тут ничего, ты лежи, — сказал Никита, — я проведу, — и с Василием Андреичем в санях провёл лошадь под уздцы вниз шагов десять и потом немного вверх и остановился.

Место, на котором остановился Никита, было не в лощине, где бы снег, сметаемый с бугров и оставаясь, мог совсем засыпать их, но оно всё-таки отчасти было защищено краем оврага от ветра. Были минуты, когда ветер как будто немного стихал, но это продолжалось недолго, и как будто для того, чтобы наверстать этот отдых, буря налетала после этого с удесятерённой силой, ещё злее рвала и крутила. Такой порыв ветра ударил в ту минуту, как Василий Андреич, отдышавшись, вылез из саней и подошёл к Никите, чтобы поговорить о том, что делать. Оба невольно пригнулись и подождали говорить, пока пройдёт ярость порыва. Мухортый тоже недовольно прижимал уши и тряс головой. Как только немного прошёл порыв ветра, Никита, сняв рукавицы и заткнув их за кушак, подышав в руки, стал отвязывать с дуги поводок.

— Ты что ж это делаешь? — спросил Василий Андреич.

— Отпрягаю, что ж ещё делать? Мочи моей нет, — как бы извиняясь, отвечал Никита.

— А разве не выедем куда?

— Не выедем, только лошадь замучаем. Ведь он, сердечный, не в себе стал,[95] — сказал Никита, указывая на покорно стоящую, на всё готовую и тяжело носившую крутыми и мокрыми боками лошадь. — Ночевать надо, — повторил он, точно как будто собирался ночевать на постоялом дворе, и стал развязывать супонь.

Клещи расскочились.

— А не замёрзнем мы? — сказал Василий Андреич.

— Что ж? И замёрзнешь — не откажешься,[96] — сказал Никита.

6

Василию Андреичу в своих двух шубах было совсем тепло, особенно после того, как он повозился в сугробе;[97] но мороз пробежал у него по спине, когда он понял, что действительно надо ночевать здесь. Чтобы успокоиться, он сел в сани и стал доставать папиросы и спички.

Никита между тем распрягал лошадь. Он развязал подбрюшник, чресседельник,[98] развожжал, снял гуж,[99] вывернул дугу и, не переставая разговаривать с лошадью, ободрял её.

— Ну, выходи, выходи, — говорил он, выводя её из оглобель. — Да вот привяжем тебя тут. Соломки подложу да размуздаю,[100] — говорил он, делая то, что говорил. — Закусишь, тебе всё веселее будет.

Но Мухортый, очевидно, не успокаивался речами Никиты и был тревожен; он переступал с ноги на ногу, жался к саням, становясь задом к ветру, и тёрся головой о рукав Никиты.

Как будто только для того, чтобы не отказать Никите в его угощении соломой, которую Никита подсунул ему под храп, Мухортый раз порывисто схватил пук соломы из саней, но тотчас же решил, что теперь дело не до соломы, бросил её, и ветер мгновенно растрепал солому, унёс её и засыпал снегом.

— Теперь примету сделаем, — сказал Никита, повернув сани лицом к ветру, и, связав оглобли чресседельником, он поднял их вверх и притянул к передку. — Вот как занесёт нас, добрые люди по оглоблям увидят, откопают, — сказал Никита, похлопывая рукавицами и надевая их. — Так-то старики учили.

Василий Андреич между тем, распустив шубу и закрываясь полами её, тёр одну серную спичку за другой о стальную коробку, но руки у него дрожали, и загоравшиеся спички одна за другою, то ещё не разгоревшись, то в самую ту минуту, как он подносил её к папиросе, задувались ветром. Наконец одна спичка вся загорелась и осветила на мгновение мех его шубы, его руку с золотым

пе́рстнем на за́гнутом внутрь указа́тельном па́льце и за-
сы́панную сне́гом, вы́бившуюся и́з-под вере́тья овся́ную
соло́му, и папиро́са загоре́лась. Ра́за два он жа́дно потя-
ну́л, проглоти́л, вы́пустил сквозь усы́ дым, хоте́л ещё за-
тяну́ться, но таба́к с огнём сорва́ло и унесло́ туда́ же, куда́
и соло́му.

Но и э́ти не́сколько глотко́в таба́чного ды́ма развесели́ли
Васи́лия Андре́ича.

— Ночева́ть так ночева́ть! — сказа́л он реши́тельно.

— Погоди́ же ты, я ещё флаг сде́лаю, — сказа́л он, под-
нима́я плато́к, кото́рый он, сняв с воротника́, бро́сил бы́ло
в са́ни, и, сняв перча́тки, стал в передке́ сане́й и, вытя́ги-
ваясь, чтоб доста́ть до чрессе́дельника, туги́м узло́м при-
вяза́л к нему́ плато́к по́дле огло́бли.

Плато́к то́тчас же отча́янно затрепа́лся, то прилипа́я
к огло́бле, то вдруг отдува́ясь, натя́гиваясь и щёлкая.

— Вишь, как ло́вко, — сказа́л Васи́лий Андре́ич, лю-
бу́ясь на свою́ рабо́ту, опуска́ясь в са́ни. — Тепле́е бы
вме́сте, да вдвоём не уся́демся,[101] — сказа́л он.

— Я ме́сто найду́, — отвеча́л Ники́та, — то́лько ло́шадь
укры́ть на́до, а то взопре́л серде́чный. Пусти́-ка,[102] — при-
ба́вил он и, подойдя́ к саня́м, потяну́л из-под Васи́лия
Андре́ича вере́тье.

И, доста́в вере́тье, он сложи́л его́ вдво́е и, ски́нув пре́жде
шлею́ и сняв седёлку, покры́л им Мухо́ртого.

— Всё тепле́е тебе́ бу́деть, дурачо́к, — говори́л он, на-
дева́я опя́ть на ло́шадь сверх вере́тья седёлку и шлею́. —
А не нужна́ вам дерю́жка бу́дет? Да соло́мки мне да́йте, —
сказа́л Ники́та, око́нчив э́то де́ло и опя́ть подойдя́ к са-
ня́м.

И, забра́в и то и друго́е из-под Васи́лий Андре́ича,
Ники́та зашёл за спи́нку сане́й, вы́копал себе́ там, в снегу́,
я́мку, положи́л в неё соло́мы и, нахлобу́чив ша́пку и за-
ку́тавшись кафта́ном и све́рху покры́вшись дерю́жкой, сел
на по́стланную соло́му, прислоня́сь к лубо́чному задку́
сане́й, защища́вшему его́ от ве́тра и сне́га.

Васи́лий Андре́ич неодобри́тельно покача́л голово́й на
то, что де́лал Ники́та, как он вообще́ не одобря́л необразо́-

ванность и глупость мужицкую, и стал устраиваться на ночь.

Он разровнял оставшуюся солому по санкам, подложил погуще себе под бок и, засунув руки в рукава, приладился головой в угол саней, к передку, защищавшему его от ветра.

Спать ему не хотелось. Он лежал и думал: думал всё о том же одном, что составляло единственную цель, смысл, радость и гордость его жизни, — о том, сколько он нажил и может ещё нажить денег; сколько другие, ему известные люди, нажили и имеют денег, и как эти другие наживали и наживают деньги, и как он, так же как и они, может нажить ещё очень много денег. Покупка Горячкинского леса составляла для него дело огромной важности. Он надеялся на этом лесе поживиться сразу, может быть, десятком тысяч. И он стал в мыслях расценивать виденную им осенью рощу, в которой он на двух десятинах пересчитал все деревья.

«Дуб на полозья пойдёт. Срубы сами собой.[103] Да дров сажен тридцать всё станет на десятине, — говорил он себе. — С десятины на худой конец по двести с четвертной останется. Пятьдесят шесть десятин, пятьдесят шесть сотен, да пятьдесят шесть сотен, да пятьдесят шесть десятков, да ещё пятьдесят шесть десятков, да пятьдесят шесть пятков». Он видел, что выходило за двенадцать тысяч, но без счётов[104] не мог смекнуть ровно сколько. «Десяти тысяч всё-таки не дам, а тысяч восемь, да чтоб за вычетом полян. Землемера помажу[105] — сотню, а то полторы; он мне десятин пять полян намеряет. И за восемь отдаст. Сейчас три тысячи в зубы.[106] Небось размякнет, — думал он, ощупывая предплечьем руки бумажник в кармане. — И как сбились с поворота, Бог её знает! Должен бы тут быть лес и сторожка. Собак бы слышно.[107] Так не лают, проклятые, когда их нужно». Он отстранил воротник от уха и стал прислушиваться; слышен был всё тот же свист ветра, в оглоблях трепанье и щёлканье платка и стеганье по лубку саней падающего снега. Он закрылся опять.

«Кабы знать, ночевать бы остаться. Ну, да всё одно, доедем и завтра. Только день лишний. В такую погоду и те не поедут». И он вспомнил, что к девятому надо получить за валухов с мясника деньги. «Хотел сам приехать; не застанет меня — жена не сумеет деньги взять. Очень уж необразованна. Обхождения настоящего не знает», — продолжал он думать, вспоминая, как она не умела обойтись со становым, бывшим вчера на празднике у него в гостях. «Известно — женщина! Где она что видала?[108] При родителях какой наш дом был? Так себе, деревенский мужик богатый: рушка[109] да постоялый двор — и всё имущество в том. А я что в пятнадцать лет сделал? Лавка, два кабака, мельница, ссыпка, два именья в аренде, дом с амбаром под железной крышей, — вспоминал он с гордостью. — Не то что при родителе! Нынче кто в округе гремит? Брехунов.

А почему так? Потому — дело помню, стараюсь, не так, как другие — лежни али глупостями занимаются. А я ночи не сплю. Метель, не метель — еду. Ну и дело делается. Они думают, так, шутя денежки наживают. Нет, ты потрудись да голову поломай. Вот так-то заночуй в поле да ночи не спи. Как подушка от думы в головах ворочается, — размышлял он с гордостью. — Думают, что в люди выходят по счастью.[110] Вон, Мироновы в миллионах теперь. А почему? Трудись. Бог и даст. Только бы дал Бог здоровья».

И мысль о том, что и он может быть таким же миллионщиком, как Миронов, который взялся с ничего, так взволновала Василия Андреича, что он почувствовал потребность поговорить с кем-нибудь. Но говорить не с кем было... Кабы доехать до Горячкина, он бы поговорил с помещиком, вставил бы ему очки.[111]

«Ишь ты, дует как.[112] Занесёт так, что и не выберемся утром!» — подумал он, прислушиваясь к порыву ветра, который дул в передок, нагибая его, и сек его лубок снегом. Он приподнялся и оглянулся: в белой колеблющейся темноте видна была только чернеющая голова Мухортого и его спина, покрытая развевающимся веретьем, и густой завязанный хвост; кругом же со всех сторо́н, спе́реди, сза́ди, была́ везде́ одна́ и та́ же однообра́зная бе́лая колеблющаяся тьма, иногда́ как бу́дто чуть-чу́ть просветля́ющаяся, иногда́ ещё бо́льше сгуща́ющаяся.

«И напра́сно послу́шался я Ники́ту, — ду́мал он. — Ёхать бы на́до, всё бы вы́ехали куда́-нибудь. Хоть наза́д бы дое́хали в Гри́шкино, ночева́ли бы у Тара́са. А то вот сиди́ ночь це́лую. Да что, бишь, хоро́шего бы́ло?[113] Да, что за труды́ Бог даёт, а не ло́дырям, лежебо́кам а́ли дурака́м. Да и покури́ть надо!» Он сел, доста́л папиро́сочницу, лёг брю́хом вниз, закрыва́я поло́й от ве́тра ого́нь, но ве́тер находи́л ход и туши́л спи́чки одну́ за друго́й. Наконе́ц он ухитри́лся заже́чь одну́ и закури́л. То, что он доби́лся своего́, о́чень обра́довало его́. Хотя́ папиро́ску вы́курил бо́льше ве́тер, чем он, он всё-таки затяну́лся ра́за три, и ему́ опя́ть ста́ло весе́лей. Он опя́ть привали́лся к задку́, уку́тался и опя́ть на́чал вспомина́ть, мечта́ть и соверше́нно неожи́данно вдруг потеря́л созна́ние и задрема́л.

Но вдруг то́чно что́-то толкну́ло и разбуди́ло его́. Мухо́ртый ли э́то дёрнул из-под него́ соло́му, и́ли э́то внутри́ его́ что́-то всколыхну́ло его́—то́лько он просну́лся, и се́рдце у него́ ста́ло стуча́ть так бы́стро и так си́льно, что ему́ показа́лось, что са́ни трясу́тся под ним. Он откры́л глаза́. Вокру́г него́ бы́ло всё то́ же, но то́лько каза́лось светле́е. «Света́ет, — поду́мал он, — должно́, и до утра́ недо́лго». Но то́тчас же вспо́мнил, что светле́е ста́ло то́лько оттого́, что ме́сяц взошёл. Он приподня́лся, огляде́л снача́ла ло́шадь. Мухо́ртый стоя́л всё за́дом к ве́тру и весь тря́сся. Засы́панное сне́гом вере́тье заворо́тилось одно́й стороно́й, шлея́ съе́хала на́бок, и засы́панная сне́гом голова́ с развева́ющимися чёлкой и гри́вой бы́ли тепе́рь видне́е. Васи́лий Андре́ич перегну́лся к задку́ и загляну́л за него́. Ники́та сиде́л всё в том же положе́нии, в како́м он сел. Дерю́жка, кото́рою он прикрыва́лся, и но́ги его́ бы́ли гу́сто засы́паны сне́гом. «Не замёрз бы мужи́к,[114] плоха́ одежо́нка на нём. Ещё отве́тишь за него́. То́-то наро́д бестолко́вый.[115] И́стинно необразо́ванность», — поду́мал Васи́лий Андре́ич и хоте́л бы́ло снять с ло́шади вере́тье и накры́ть Никиту, но хо́лодно бы́ло встава́ть и воро́чаться, и ло́шадь, боя́лся, ка́к бы не засты́ла. «И на что я его́ взял? Всё её глу́пость одна́!» — поду́мал Васи́лий Андре́ич, вспомина́я неми́лую жену́, и опя́ть перевали́лся на своё пре́жнее ме́сто к передку́ сане́й. «Та́к-то дя́дюшка раз всю ночь в снегу́ просиде́л», — вспо́мнил он, — и ничего́. Ну, а Севастья́на-то откопа́ли, — тут же предста́вился ему́ друго́й слу́чай, — так тот по́мер, закочене́л весь, как ту́ша моро́женая.

Оста́лся бы в Гри́шкином ночева́ть, ничего́ бы не́ было». И, стара́тельно запахну́вшись, так что́бы тепло́ ме́ха нигде́ не пропада́ло да́ром, а везде́ — и в ше́е, и в коле́нях, и в ступня́х — гре́ло его́, он закры́л глаза́, стара́ясь опя́ть засну́ть. Но ско́лько он ни стара́лся тепе́рь, он не мог уже́ забы́ться, а, напро́тив, чу́вствовал себя́ соверше́нно бо́дрым и оживлённым. Опя́ть он на́чал счита́ть бары́ш, долги́ за людьми́,[116] опя́ть стал хва́статься сам пе́ред собо́й и ра́доваться на себя́ и на своё положе́ние, — но всё тепе́рь постоя́нно прерыва́лось подкра́дывающимся стра́хом и доса́дной мы́слью о том, заче́м он не оста́лся ночева́ть в Гри́шкином. «То́ ли де́ло:[117] лежа́л бы на ла́вке, тепло́». Он не́сколько раз перевора́чивался, укла́дывался, стара́ясь найти́ бо́лее ло́вкое и защищённое от ве́тра положе́ние, но всё ему́ каза́лось нело́вко; он опя́ть приподнима́лся, переменя́л положе́ние, уку́тывал но́ги, закрыва́л глаза́ и затиха́л. Но и́ли скрю́ченные но́ги в кре́пких ва́леных сапога́х начина́ли ныть, и́ли продува́ло где́-нибудь, и он, полежа́в недо́лго, опя́ть с доса́дой на себя́ вспомина́л о том, ка́к бы он тепе́рь мог споко́йно лежа́ть в тёплой избе́ в Гри́шкином, и опя́ть поднима́лся, воро́чался, ку́тался, и опя́ть укла́дывался.

Раз Васи́лью Андре́ичу почу́дилось, что он слы́шит да́льний крик петухо́в. Он обра́довался, отвороти́л шу́бу и стал напряжённо слу́шать, но ско́лько он ни напряга́л слух, ничего́ не слы́шно бы́ло, кро́ме зву́ка ве́тра, свиста́вшего в огло́блях и трепа́вшего плато́к, и сне́га, стега́вшего об лубо́к сане́й.

Ники́та как сел с ве́чера, так и сиде́л всё вре́мя, не

шевелясь и даже не отвечая на обращения Василия Андреича, который раза два окликал его. «Ему и горюшка мало, спит, должно», — с досадой думал Василий Андреич, заглядывая через задок саней на густо засыпанного снегом Никиту.

Василий Андреич вставал и ложился раз двадцать. Ему казалось, что конца не будет этой ночи. «Теперь уже, должно быть, близко к утру, — подумал он раз, поднимаясь и оглядываясь. — Дай посмотрю на часы. Озябнешь раскрываться. Ну, да коли узнаю, что к утру дело, всё веселее будет. Запрягать станем». Василий Андреич в глубине души знал, что не может быть ещё утро, но он всё сильнее и сильнее начинал робеть и хотел в одно и то же время и проверить и обмануть себя. Он осторожно распустил крючки полушубка и, засунув руку за пазуху, долго копался, пока достал до жилетки. Насилу-насилу вытащил он свой серебряные с эмалевыми цветками часы и стал смотреть. Без огня ничего не видно было. Он опять лёг ничком на локти и на коленки, так же, как когда закуривал, достал спички и стал зажигать. Теперь он аккуратнее взялся за дело и, ощупав пальцами спичку с самым большим количеством фосфора, он с первого раза зажёг её. Подсунув циферблат под свет, он взглянул и глазам своим не верил... Было всего десять минут первого. Ещё вся ночь была впереди.

«Ох, длинна ночь!» — подумал Василий Андреич, чувствуя, как мороз пробежал ему по спине, и, застегнувшись опять и укрывшись, он прижался в углу саней, собираясь терпеливо ждать. Вдруг из-за однообразного шума ветра он явственно услышал какой-то новый, живой звук. Звук равномерно усиливался и, дойдя до совершенной явственности, так же равномерно стал ослабевать. Не было никакого сомнения, что это был волк. И волк этот выл так недалеко, что по ветру ясно было слышно, как он, ворочая челюстями, изменял звуки своего голоса. Василий Андреич откинул воротник и внимательно слушал. Мухортый также напряжённо слушал, поводя ушами, и, когда волк кончил своё колено, переставил ноги и предостерегающе фы́ркнул. По́сле э́того Васи́лий Андре́ич уж ника́к не мог не то́лько засну́ть, но и успоко́иться. Ско́лько он ни стара́лся ду́мать о свои́х расчётах, дела́х и о свое́й сла́ве и своём досто́инстве и бога́тстве, страх всё бо́льше и бо́льше завладева́л им, и над все́ми мы́слями преоблада́ла и ко всем мы́слям приме́шивалась мысль о том, заче́м он не оста́лся ночева́ть в Гри́шкине.

«Бог с ним, с ле́сом, без него́ дел, сла́ва Бо́гу. Эх, ночева́ть бы![118] — говори́л он себе́. — Говоря́т, пья́ные-то замерза́ют, — поду́мал он. — А я вы́пил». И, прислу́шиваясь к своему́ ощуще́нию, он чу́вствовал, что начина́л дрожа́ть, сам не зна́я, от чего́ он дрожи́т — от хо́лода и́ли от стра́ха. Он про́бовал закры́ться и лежа́ть как пре́жде, но уже́ не мог э́того сде́лать. Он не мог остава́ться на ме́сте, ему́ хоте́лось встать, предприня́ть что́-нибудь, с тем чтобы заглуши́ть поднима́ющийся в нём страх, про́тив кото́рого он чу́вствовал себя́ бесси́льным. Он опя́ть доста́л папиро́ски и спи́чки, но спи́чек уже́ остава́лось то́лько три, и все ху́дшие. Все три ошмуры́гались, не загоре́вшись.

«А, чёрт тебя́ дери́, прокля́тая, прова́лись ты!»[119] — обруга́л он сам не зна́я кого́ и швырну́л смя́тую папиро́ску. Хоте́л швырну́ть и спи́чечницу, но останови́л движе́ние руки́ и су́нул её в карма́н. На него́ нашло́ тако́е беспоко́йство, что он не мог бо́льше остава́ться на ме́сте. Он вы́лез из сане́й и, став за́дом к ве́тру, на́чал ту́го и ни́зко вновь перепоя́сываться.

«Что лежа́ть-то, сме́рти дожида́ться![120] Сесть верхо́м — да и марш, — вдруг пришло́ ему́ в го́лову. — Верхо́м ло́шадь не ста́нет. Ему́, — поду́мал он на Ники́ту, — всё равно́ умира́ть. Кака́я его́ жизнь! Ему́ и жи́зни не жа́лко,[121] а мне, сла́ва Бо́гу, есть чем пожи́ть...»

И он, отвяза́в ло́шадь, переки́нул ей пово́дья на ше́ю и хоте́л вскочи́ть на неё, но шу́бы и сапоги́ бы́ли так тяжелы́, что он сорва́лся. Тогда́ он встал на са́ни и хоте́л с сане́й сесть. Но са́ни покачну́лись под его́ тя́жестью, и он опя́ть оборва́лся. Наконе́ц в тре́тий раз он подви́нул ло́шадь к саня́м и, осторо́жно став на край их, доби́лся-таки того́, что лёг брю́хом поперёк спины́ ло́шади.[122] Полежав так, он посунулся вперёд раз, два и, наконец, перекинул ногу через спину лошади и уселся, упираясь ступнями ног на долевой ремень шлеи. Толчок пошатнувшихся саней разбудил Никиту, и он приподнялся, и Василию Андреичу показалось, что он говорит что-то.

— Слушай вас, дураков! Что ж, пропадать так, ни за что? — крикнул Василий Андреич и, подправляя под колена развевающиеся полы шубы, повернул лошадь и погнал её прочь от саней по тому направлению, в котором он предполагал, что должен быть лес и сторожка.

7

Никита, с тех пор как сел, покрывшись дерюжкой, за задком саней, сидел неподвижно. Он, как и все люди, живущие с природой и знающие нужду, был терпелив и мог спокойно ждать часы, дни даже, не испытывая ни беспокойства, ни раздражения. Он слышал, как хозяин звал его, но не откликался, потому что не хотел шевелиться и откликаться. Хотя ему ещё было тепло от выпитого чая и оттого, что он много двигался, лазая по сугробам, он знал, что тепла этого хватит ненадолго, а что согреваться движением он уже будет не в силах, потому что чувствовал себя так же усталым, как чувствует себя лошадь, когда она становится, не может, несмотря ни на какой кнут, идти дальше, и хозяин видит, что надо кормить, чтобы она вновь могла работать. Одна нога его в прорванном сапоге остыла, и он уже не чуял на ней большого пальца. И, кроме того, всему телу его становилось всё холоднее и холоднее. Мысль о том, что он может и даже по всем вероятиям должен умереть в эту ночь, пришла ему, но мысль эта показалась ему ни особенно неприятной, ни особенно страшной. Не особенно неприятна показалась ему эта мысль потому, что вся его жизнь не была постоянным праздником, а, напротив, была непрестающей службой, от которой он начинал уставать. Не особенно же страшна была эта мысль потому, что, кроме тех хозяев, как Василий Андреич, которым он служи́л здесь, он чу́вствовал себя́ всегда́ в э́той жи́зни в зави́симости от гла́вного хозя́ина, того́, кото́рый посла́л его́ в э́ту жизнь, и знал, что и умира́я он оста́нется во вла́сти э́того же хозя́ина, а что хозя́ин э́тот не оби́дит. «Жаль броса́ть обжи́тое, привы́чное? Ну, да что же де́лать, и к но́вому привыка́ть на́до».

«Грехи́? — поду́мал он и вспо́мнил своё пья́нство, про́питые де́ньги, оби́ды жене́, руга́тельства, нехожде́ние в це́рковь, несоблюде́ние посто́в и всё то, за что выгова́ривал ему́ поп на и́споведи. — Изве́стно, грехи́. Да что же, ра́зве я сам их на себя́ напусти́л? Таки́м, ви́дно, меня́ Бог сде́лал. Ну, и грехи́! Куда́ ж де́нешься?»[123]

Так он поду́мал снача́ла о том, что мо́жет случи́ться с ним в э́ту ночь, и пото́м уже́ не возвраща́лся к э́тим мы́слям и отда́лся тем воспомина́ниям, кото́рые са́ми собо́й приходи́ли ему́ в го́лову. То он вспомина́л прие́зд Ма́рфы, и пья́нство рабо́чих, и свои́ отка́зы от вина́, то тепе́решнюю пое́здку, и Тара́сову избу́, и разгово́ры о дележа́х, то о своём ма́лом, и о Мухо́ртом, кото́рый угре́ется тепе́рь под попо́ной, то о хозя́ине, кото́рый скрипи́т тепе́рь саня́ми, вороча́ясь в них. «То́же, я чай, серде́чный, сам не рад, что пое́хал, — ду́мал он. — От тако́го житья́ помира́ть не хо́чется. Не то что наш брат».[124] И все э́ти воспомина́ния ста́ли переплета́ться, меша́ться в его́ голове́, и он засну́л.

Когда́ же Васи́лий Андре́ич, садя́сь на ло́шадь, покачну́л са́ни, и задо́к, на кото́рый Ники́та упира́лся спино́й, совсе́м отдёрнулся, и его́ по́лозом уда́рило в спи́ну, он просну́лся и во́лей-нево́лей принуждён был измени́ть своё положе́ние. С трудо́м выпрямля́я но́ги и осыпа́я с них снег, он подня́лся, и то́тчас же мучи́тельный хо́лод прониза́л всё его́ те́ло. Поня́в, в чем де́ло, он хоте́л, чтобы Васи́лий Андре́ич оста́вил ему́ нену́жное тепе́рь для ло́шади вере́тье, чтобы укры́ться им, и закрича́л ему́ об э́том.

Но Васи́лий Андре́ич не останови́лся и скры́лся в сне́жной пы́ли.

Оста́вшись оди́н, Ники́та заду́мался на мину́ту, что ему́ де́лать. Идти́ иска́ть жилья́ он чу́вствовал себя́ не в си́лах. Сесть на ста́рое ме́сто уже́ нельзя́ бы́ло — оно́ всё бы́ло засы́пано снéгом. И в саня́х, он чу́вствовал, что не согрéется, потому́ что ему́ нéчем бы́ло покры́ться, егó же кафта́н и шу́ба тепéрь совсéм не грéли егó. Ему́ бы́ло так хóлодно, как бу́дто он был в однóй руба́хе. Ему́ ста́ло жу́тко. «Ба́тюшка, Отéц Небéсный!» — проговори́л он, и созна́ние тогó, что он не оди́н, а ктó-то слы́шит егó и не оста́вит, успокóило егó. Он глубóко вздохну́л и, не снима́я с головы́ дерю́жки, влез в са́ни и лёг в них на мéсто хозя́ина.

Но и в саня́х он ника́к не мог согрéться. Снача́ла он дрожа́л всем тéлом, потóм дрожь прошла́, и он понемнóгу стал теря́ть созна́ние. Умира́л он или засыпа́л — он не знал, но чу́вствовал себя́ одина́ково готóвым на то и на другóе.

8

Мéжду тем Васи́лий Андрéич и нога́ми и конца́ми пóвода гнал лóшадь туда́, где он почему́-то предположи́л лес и сторóжку. Снег слепи́л ему́ глаза́, а вéтер, каза́лось, хотéл остановить егó, но, он нагну́вшись вперёд и беспреста́нно запа́хивая шу́бу и подвёртывая её мéжду собóй и меша́вшей ему́ сидéть холóдной седёлкой, не переста́вая гнал лóшадь. Лóшадь хотя́ с трудóм но покóрно шла иноходью туда́, куда́ он посыла́л её.

Мину́т пять он éхал, как ему́ каза́лось, всё пря́мо, ничегó не ви́дя, крóме головы́ лóшади и бéлой пусты́ни, и ничегó не слы́ша, крóме сви́ста вéтра óколо ушéй лóшади и воротника́ своéй шу́бы.

Вдруг пéред ним зачернéлось чтó-то. Сéрдце ра́достно заби́лось в нём, и он поéхал на э́то чёрное, ужé ви́дя в нём стéны домóв дерéвни. Но чёрное э́то бы́ло не неподви́жно, а всё шевели́лось, и бы́ло не дерéвня, а вы́росший на межé высóкий чернобы́льник, торча́вший из-пóд снéга и отча́янно мота́вшийся под напóром гну́вшего егó всё в одну́ стóрону и свистéвшего в нём вéтра. И почему́-то вид э́того чернобы́льника, му́чимого немилосéрдным вéтром, заста́вил содрогну́ться Васи́лия Андрéича, и он поспéшно стал погонять лошадь, не замечая того, что, подъезжая к черно-быльнику, он совершенно изменил прежнее направление и теперь гнал лошадь совсем уже в другую сторону, всё-таки воображая, что он едет в ту сторону, где должна была быть сторожка. Но лошадь всё воротила вправо, и потому он всё время сворачивал её влево.

Опять впереди его зачернелось что-то. Он обрадовался, уверенный, что теперь это уже наверное деревня. Но это была опять межа, поросшая чернобыльником. Опять так же отчаянно трепался сухой бурьян, наводя почему-то страх на Василия Андреича. Но мало того, что это был такой же бурьян, — подле него шёл конный, заносимый ветром след. Василий Андреич остановился, нагнулся, пригляделся: это был лошадиный, слегка занесённый след и не мог быть ничей иной, как его собственный. Он, очевидно, кружился, и на небольшом пространстве. «Пропаду я так!» — подумал он, но, чтобы не поддаваться страху, он ещё усиленнее стал погонять лошадь, вглядываясь в белую снежную мглу, в которой ему показывались как будто светящиеся точки, тотчас же исчезавшие, как только он вглядывался в них. Раз ему показалось, что он слышит лай собак или вой волков, но звуки эти были так слабы и неопределённы, что он не знал, слышит ли он что, или это только чудится ему,[125] и он, остановившись, стал напряжённо прислушиваться.

Вдруг какой-то страшный, оглушающий крик раздался около его ушей, и всё задрожало и затрепетало под ним. Василий Андреич схватился за шею лошади, но и шея лошади вся тряслась, и страшный крик стал ещё ужаснее. Несколько секунд Василий Андреич не мог опомниться и понять, что случилось. А случилось только то, что Мухортый, ободряя ли себя, или призывая кого на помощь, заржал своим громким, заливистым голосом. «Тьфу ты пропасть! напугал как, проклятый!» — сказал себе Василий Андреич. Но и поняв истинную причину страха, он не мог уже разогнать его.

«Надо одуматься, остепениться», — говорил он себе и вместе с тем не мог удержаться и всё гнал лошадь, не замечая того, что он ехал теперь уже по ветру, а не против него. Тело его, особенно в шагу, где оно было открыто и касалось седёлки, зябло и болело, руки и ноги его дрожали, и дыхание было прерывисто. Он видит, что пропадает среди этой ужасной снежной пустыни, и не видит никакого средства спасения.

Вдруг лошадь куда-то ухнула под ним и, завязши в сугробе, стала биться и падать на бок. Василий Андреич соскочил с неё, при соскакивании сдёрнув набок шлею, на которую опиралась его нога, и свернув седёлку, за которую держался, соскакивая. Как только Василий Андреич соскочил с неё, лошадь справилась, рванулась вперёд, сделала прыжок, другой и, опять заржавши и таща за собой волочившееся верётье и шлею, скрылась из вида, оставив Василия Андреича одного в сугробе. Василий Андреич бросился за нею, но снег был так глубок и шубы на нём так тяжелы, что, увязая каждой ногой выше колена, он, сделав не более двадцати шагов, запыхался и остановился. «Роща, валухи, аренда, лавка, кабаки, железом крытый дом и амбар, наследник, — подумал он, — как же это всё останется? Что ж это такое? Не может быть!» — мелькнуло у него в голове. И почему-то ему вспомнился мотавшийся от ветра чернобыльник, мимо которого он проезжал два раза, и на него нашёл такой ужас, что он не верил в действительность того, что с ним было. Он подумал: «Не во сне ли всё это?» — и хотел проснуться, но просыпаться некуда было. Это был действительный снег, который хлестал ему в лицо и засыпал его и холодил его правую руку, с которой он потерял перчатку, и это была действительная пустыня, та, в которой он теперь оставался один, как тот чернобыльник, ожидая неминуемой, скорой и бессмысленной смерти.

«Царица Небесная, святителю отче Миколае, воздержания учителю»,[126] — вспомнил он вчерашние молебны и образ с чёрным ликом в золотой ризе и свечи, которые он продавал к этому образу и которые тотчас приносили ему назад и которые он чуть обгоревшие прятал в ящик. И он стал просить этого самого Николая-чудотворца, чтобы он спас его, обещал ему молебен и свечи. Но тут же он ясно, несомненно понял, что этот лик, риза, свечи, священник, молебны — всё это было очень важно и нужно там, в церкви, но что здесь они ничего не могли сделать ему, что между этими свечами и молебнами и его бедственным теперешним положением нет и не может быть никакой связи. «Надо не унывать, — подумал он. — Надо идти по следам лошади, а то и те занесёт, — пришло ему в голову. — Она выведет, а то и поймаю. Только не торопиться, а то зарьяешь и хуже пропадёшь».[127] Но, несмотря на намерение идти тихо, он бросился вперёд и бежал, беспрестанно падая, поднимаясь и опять падая. След лошади уже становился чуть заметен в тех местах, где снег был неглубок. «Пропал я, — подумал Василий Андреич, — потеряю и след, и лошади не догоню». Но в ту же минуту, взглянув вперёд, он увидал что-то чёрное. Это был Мухортый и не только один Мухортый, но и сани и оглобли с платком. Мухортый, со сбитой набок шлеей и веретьем, стоял теперь не на прежнем месте, а ближе к оглоблям и мотал головой, которую заступленный повод притягивал ему книзу. Оказалось, что завяз Василий Андреич в той самой лощине, в которой они завязли ещё с Никитой, что лошадь везла его назад к саням и что соскочил он с неё не больше пятидесяти шагов от того места, где были сани.

9

Довалившись до саней, Василий Андреич схватился за них и долго стоял так неподвижно, стараясь успокоиться и отдышаться. На прежнем месте Никиты не было, но в санях лежало что-то, занесённое уже снегом, и Василий Андреич догадался, что это был Никита. Страх Василия Андреича теперь совершенно прошёл, и если он боялся чего, то только того ужасного состояния страха, который он испытал на лошади, и в особенности тогда, когда один остался в сугробе. Надо было во что бы то ни стало не допустить до себя этот страх,[128] а чтобы не допустить его, надо было делать что-нибудь, чем-нибудь заняться. И потому первое, что он сделал, было то, что он, став задом к ветру, распустил шубу. Потом, как только он немного отдышался, он вытряхнул снег из сапог, из левом перчатки, правая была безнадёжно потеряна и, должно быть, уже где-нибудь на две четверти под снегом; потом он вновь туго и низко, как он подтягивался, когда выходил из лавки покупать с возов привозимый мужиками хлеб, затянулся кушаком и приготовился к деятельности. Первое дело, которое представилось ему, было то, чтобы выпростать ногу лошади. Василий Андреич и сделал это и, освободив повод, привязал Мухортого опять к железной скобе у передка к старому месту и стал заходить сзади лошади, чтобы оправить на ней шлею, седёлку и веретье; но в это время он увидал, что в санях зашевелилось что-то и из-под снега, которым она была засыпана, поднялась голова Никиты. Очевидно, с большим усилием, замерзавший уже Никита приподнялся и сел и как-то странно, точно отгоняя мух, махая перед носом рукой. Он махал рукой и говорил что-то, как показалось Василию Андреичу, призывая его. Василий Андреич оставил веретье, не поправив его, и подошёл к саням.

— Чего ты? — спросил он. — Чего говоришь?

— Поми-ми-мираю я, вот что, — с трудом прерывистым голосом выговорил Никита. — Зажитое малому отдай или бабе, всё равно.

— А что ж, аль зазяб? — спросил Василий Андреич.

— Чую, смерть моя... прости, Христа ради... — сказал Никита плачущим голосом, всё продолжая, точно обмахивая мух, махать перед лицом руками.

Василий Андреич с полминуты постоял молча и неподвижно, потом вдруг с такой же решительностью, с которой он ударял по рукам при выгодной покупке, он отступил шаг назад, засучил рукава шубы и обеими руками принялся выгребать снег с Никиты и из саней. Выгребши снег, Василий Андреич поспешно распоясался, расправил шубу и, толкнув Никиту, лёг на него, покрывая его не только своей шубой, но и всем своим тёплым, разгорячённым телом. Заправив руками полы шубы между лубком саней и Никитой и коленками ног прихватив её подол, Василий Андреич лежал так ничком, упёршись головой в лубок передка, и теперь уже не слышал ни движения лошади, ни свиста бури, а только прислушивался к дыханию Никиты. Никита сначала долго лежал неподвижно, потом громко вздохнул и пошевелился.

— А вот то-то, а ты говоришь — помираешь. Лежи, грейся, мы вот как... — начал было Василий Андреич.

Но дальше он, к своему великому удивлению, не мог говорить, потому что слёзы ему выступили на глаза и нижняя челюсть быстро запрыгала. Он перестал говорить и только глотал то, что подступало ему к горлу. «Настращался я, видно, ослаб вовсе», — подумал он на себя. Но слабость эта его не только не была ему неприятна, но доставляла ему какую-то особенную, не испытанную ещё никогда радость.

«Мы вот как», — говорил он себе, испытывая какое-то особенное торжественное умиление. Довольно долго он лежал так молча, вытирая глаза о мех шубы и подбирая под колена всё заворачиваемую ветром правую полу шубы.

Но ему так страстно захотелось сказать кому-нибудь про всё радостное состояние.

— Микита! — сказал он.

— Хорошо, тепло, — откликнулось ему снизу.

— Так-то, брат, пропал было я. И ты бы замёрз, и я бы...

Но тут опять у него задрожали скулы, и глаза его опять наполнились слезами, и он не мог дальше говорить.

«Ну, ничего, — подумал он. — Я сам про себя знаю, что знаю».

И он замолк. Так он лежал долго.

Ему было тепло снизу от Никиты, тепло и сверху от шубы; только руки, которыми он придерживал полы шубы по бокам Никиты, и ноги, с которых ветер беспрестанно сворачивал шубу, начинали зябнуть. Особенно зябла правая рука без перчатки. Но он не думал ни о своих ногах, ни о руках, а думал только о том, как бы отогреть лежащего под собой мужика.

Несколько раз он взглядывал на лошадь и видел, что спина её раскрыта и веретье с шлеёю лежат на снегу, что надо бы встать и покрыть лошадь, но он не мог решиться ни на минуту оставить Никиту и нарушить то радостное состояние, в котором он находился. Страха он теперь не испытывал никакого.

«Небось не вывернется»[129] — говорил он сам себе про то, что он отогреет мужика, с тем же хвастовством, с которым он говорил про свои покупки и продажи.

Так пролежал Василий Андреич час и другой и третий, но он не видал, как проходило время. Сначала в воображении его носились впечатления метели, оглобель и лошади под дугой, трясущихся перед глазами, и вспоминалось о Никите, лежавшем под ним; потом стали примешиваться воспоминания о празднике, жене, становом, свечном ящике и опять о Никите, лежащем под этим ящиком; потом стали представляться мужики, продающие и покупающие, и белые стены, и дома, крытые железом, под которыми лежал Никита; потом всё это смешалось, одно вошло в другое, и, как цвета радуги, соединяющиеся в один белый свет, все разные впечатления сошлись в одно ничто, и он заснул. Он спал долго, без снов, но перед рассветом опять появились сновидения. Представилось ему, что стоит он будто у свечного ящика и Тихонова баба требует у него пятикопеечную свечу к празднику, и он хочет взять свечу и дать ей, но руки не поднимаются, а зажаты в карманах. Хочет он обойти ящик, и ноги не движутся, а калоши, новые, чищеные, приросли к каменному полу, и их не поднимешь и из них не вынешь.[130] И вдруг свечной ящик становится не свечным ящиком, а постелью, и Василий Андреич видит себя лежащим на брюхе на свечном ящике, то есть на своей постели, в своём доме. И лежит он на постели и не может встать, а встать ему надо, потому что сейчас зайдёт за ним Иван Матвеич, становой, и с Иваном Матвеичем надо идти либо торговать рощу, либо поправить шлею на Мухортом. И спрашивает он у жены: «Что же, Миколавна, не заходил?» — «Нет, говорит, не заходил». И слышит он, что подъезжает кто-то к крыльцу. Должно, он. Нет мимо. «Миколавна, а Миколавна, что ж, всё нету?» — «Нету». И он лежит на постели и всё не может встать, и всё ждёт, и ожидание это и жутко и радостно. И вдруг радость совершается: приходит тот, кого он ждал, и это уж не Иван Матвеич, становой, а кто-то другой, но тот самый, кого он ждёт. Он пришёл и зовёт его, и этот, тот, кто зовёт его, тот самый, который кликнул его и велел ему лечь на Никиту. И Василий Андреич рад, что этот кто-то пришёл за ним. «Иду!» — кричит он радостно, и крик этот будит его. И он просыпается, но просыпается совсем уже не тем, каким он заснул. Он хочет встать — и не может, хочет двинуть рукой — не может, ногой — тоже не может. Хочет повернуть головой — и того не может. И он удивляется; но нисколько не огорчается этим. Он понимает, что это смерть, и нисколько не огорчается и этим. И он вспоминает, что Никита лежит под ним и что он угрелся и жив, и ему кажется, что он — Никита, а Никита — он, и что жизнь его не в нём самом, а в Никите. Он напрягает слух и слышит дыханье, даже слабый храп Никиты. «Жив Никита, значит жив и я», — с торжеством говорит он себе.

И он вспоминает про деньги, про лавку, дом, покупки, продажи и миллионы Мироновых; ему трудно понять, зачем этот человек, которого звали Василием Брехуновым, занимался всем тем, чем он занимался. «Что ж, ведь он не знал, в чем дело,[131] — думает он про Василья Брехунова. — Не знал, как теперь знаю. Теперь уж без ошибки. *Теперь знаю*». И опять слышит он зов того, кто уже окликал его. «Иду, иду!» — радостно, умилённо говорит всё существо его. И он чувствует, что он свободен и ничто уж больше не держит его.

И больше уже ничего не видел и не слышал и не чувствовал в этом мире Василий Андреич.

Кругом всё так же курило. Те же вихри снега крутились, засыпали шубу мёртвого Василия Андреича, и всего трясущегося Мухортого, и чуть видные уже сани, и в глубине их лежащего под мёртвым уже хозяином угревшегося Никиту.

Перед утром проснулся Никита. Разбудил его опять начавший пробирать его спину холод. Приснилось ему, что он едет с мельницы с возом хозяйской муки и, переезжая ручей, взял мимо моста и завязил воз.[132] И видит он,[133] что он подлез под воз и поднимает его, расправляя спину. Но удивительное дело! Воз не двигается и прилип ему к спине, и он не может ни поднять воза, ни уйти из-под него. Всю поясницу раздавило.[134] Да и холодный же! Видно, вылезать надо. «Да будеть,[135] — говорит он кому-то тому, кто давит ему возом спину. — Вынимай мешки!» Но воз всё холоднее и холоднее давит его, и вдруг стукает что-то особенное, и он просыпается совсем и вспоминает всё. Холодный воз — это мёртвый замёрзший хозяин, лежащий на нём. А стукнул это Мухортый, ударивший два раза копытом о сани.

— Андреич, а Андреич! — осторожно, уже предчувствуя истину, окликает Никита хозяина, напруживая спину.

Но Андреич не отзывается, и брюхо его и ноги — крепкие и холодные и тяжёлые, как гири.

«Кончился, должно. Царство небесное!»[136] — думает Никита.

Он повёртывает голову, прокапывает перед собою снег рукою и открывает глаза. Светло; так же свистит ветер в оглоблях, и так же сыплется снег, с тою только разницею, что уже не стегает о лубок саней, а беззвучно засыпает сани и лошадь всё выше и выше, и ни движенья, ни дыханья лошади не слышно больше. «Замёрз, должно, и он», — думает Никита про Мухортого. И действительно, те удары копыт о сани, которые разбудили Никиту, были предсмертные усилия удержаться на ногах уже совсем застывшего Мухортого.

«Господи, батюшка, видно и меня зовёшь, — говорит себе Никита. — Твоя святая воля. А жутко. Ну, да двух смертей не бывать, а одной не миновать,[137] Только поскорее бы...» И он опять прячет руку, закрывая глаза, и забывается, вполне уверенный, что теперь он уже наверное и совсем умирает.

Уже в обед на другой день мужики откопали лопатами Василия Андреича и Никиту в тридцати саженях от дороги и в полуверсте от деревни.

Снег нанесло выше саней, но оглобли и платок на них были ещё видны. Мухортый по брюхо в снегу, с сбившимися со спины шлеей и веретьем, стоял весь белый, прижав мёртвую голову к закостенелому кадыку; ноздри обмёрзли сосульками, глаза заиндевели и тоже обмёрзли точно слезами. Он исхудал в одну ночь так, что остались на нём только кости да кожа. Василий Андреич застыл, как мороженая туша, и как были у него расставлены ноги, так, раскорячившись, его и отвалили с Никиты. Ястребиные выпуклые глаза его обмёрзли, и раскрытый рот его под подстриженными усами был набит снегом. Никита же был жив, хотя и весь обмороженный. Когда Никиту разбудили, он был уверен, что теперь он уже умер и что то, что с ним теперь делается, происходит уже не на этом, а на том свете. Но когда он услыхал кричащих мужиков, откапывавших его и сваливавших с него закоченевшего Василия Андреича, он сначала удивился, что на том свете так же кричат мужики и такое же тело, но когда понял, что он ещё здесь, на этом свете, он скорее огорчился этим, чем обрадовался, особенно когда почувствовал, что у него пальцы на обеих ногах отморожены.

Пролежал Никита в больнице два месяца. Три пальца ему отняли, а остальные зажили, так что он мог работать, и ещё двадцать лет продолжал жить — сначала в работниках, а потом, под старость, в караульщиках.[138] Помер он только в нынешнем году дома, как желал, под святыми[139] и с зажжённой восковой свечкой в руках. Перед смертью он просил прощенья у своей старухи и простил её за бондаря; простился и с малым и с внучатами и умер, истинно радуясь тому, что избавляет своей смертью сына и сноху от обузы лишнего хлеба и сам уже по-настоящему переходит из этой наскучившей ему жизни в ту иную жизнь, которая с каждым годом и часом становилась ему всё понятнее и заманчивее. Лучше или хуже ему там, где он, после этой настоящей смерти, проснулся? разочаровался ли он, или нашёл там то самое, что ожидал? — мы все скоро узнаем.

NOTES AND
VOCABULARY

ABBREVIATIONS

acc.	accusative		indef.	indefinite
adj.	adjective		instr.	instrumental
adv.	adverb		intrans.	intransitive
aff.	affectionate			
arch.	archaic		lit.	literally
aug.	augmentative			
			m.	masculine
coll.	colloquial			
collect.	collective		n.	neuter
comp.	comparative		neg.	negative
dat.	dative		p.	perfective
def.	definite		part.	participle
derog.	derogatory		pass.	passive
dim.	diminutive		pl.	plural
			poet.	poetical
esp.	especially		pop.	popular
			p.p.a.	past participle active
f.	feminine		prep.	prepositional
fam.	familiar		pres.	present
fig.	figurative			
gen.	genitive		s.f.	short form
			sing.	singular
imp.	imperfective			
impers.	impersonal		trans.	transitive

NOTES

1   в семидеся́тых года́х: *in the seventies.*

2   по́сле зи́мнего Нико́лы: *after the feast of St Nicholas in the winter,* 6 December (Old Style), 19 December (New Style). Нико́лы: nominative Нико́ла (name of feast-day).

3   дро́внику: here, wealthy peasant with his own farmstead.

4   второ́й ги́льдии: *of the second guild.* Merchants were classed in guilds, according to their trade and the amount of their capital.

5   для поку́пки...ро́щи: *for the purchase from him of a wood for which he had long been bargaining.*

6   уе́здными купца́ми: an уе́зд was an administrative part of a губе́рния (see next Note).

7   губе́рнские лесоторго́вцы: forest dealers for the local government. The губе́рния was the basic administrative unit of Russia in Tsarist times.

8   с за́говен: заговѣ́нье or за́говены — the last day for normal food consumption before a religious fast.

9   поддёвка: warm, sleeveless garment worn under coat in winter.

10   в лю́дях: *in service with other people.*

11   окро́шку: *small shreds.* Окро́шка: small pieces of cucumber made into cold soup.

12   сарафа́н: long dress worn by peasant women, square necked without sleeves.

13   тогда́ как...рубле́й два́дцать: *when at the very lowest estimate Vassily Andreyich owed about 20 roubles.*

14   Мы ра́зве...дѣлали: *Have you and I had to draw up an agreement?*

15   не как у люде́й: *not as with other people.*

16   дурачо́к: (dim. of дура́к) lit. *fool, idiot* but used as a term of endearment similar to the English 'goose'.

17   вели́ть: for вели́т. Here, as elsewhere, Nikita makes his final 'т' soft.

18   Куха́ркин муж: *the cook's husband.*

19   дерю́жку дерю́жка: (dim. of дерю́га) coarsest kind of sacking, made from bark.

20   Верѣ́тье: (local word) coarse canvas cloth or sacking made from residue of linen and hemp.

21   в кры́том овчи́нном тулу́пе: *in a sheepskin coat covered with cloth* (i.e. not the plain skin worn by poorer people).

22 кожей обшитыми валенками: felt boots with the foot part covered in leather.

23 Вишь ты, прокурат какой, послел уж!: *Just look at you, you young scamp, you've managed it already!* Вишь: a contraction of видишь.

24 в сенях: сени — (pl. only) *entrance*, space between outer door and inner one leading to living quarters of a house.

25 Право, Никиту бы взял: *Really, you'd better take Nikita.*

26 Да, и погода не поднялась бы, право, ей-Богу: *And a storm might get up, really, I'm sure.*

27 Вот как банный лист пристала: *You stick to-me like glue*, lit. *like a leaf from the bunch of birch twigs* (used for beating oneself in a steam bath).

28 дипломат: (arch.) man's light coat, of a certain cut.

29 выдь: for выйди — *come out*.

30 Одним пыхом: *in one second*, lit. *in one breath*.

31 быстро мелькая... избу: *moving quickly in his old felt boots with their felt soles, his toes turned in, Nikita ran into the yard and the servants' hut*.

32 То-то тебе... будеть: *Now you will be able to spend a nice day with the boss* (i.e. your husband: 'without me' understood). Будеть: see Note 17.

33 чтобы рукам вольно было: *so that his arms could move freely*.

34 Надо бы... недалече!: *I should... but they'll do, it's not far.*

35 Я тебя!... сукин сын: *I'll give it you! Run to mummy, you wretch!* (lit. *son of a bitch*, but used affectionately here).

36 иноходи: иноходь — motion of a horse in which it moves forward both right legs then both left (pacing or ambling).

37 заёкав: заёкать — to make a sound like ёк, as a horse will do when he moves after drinking.

38 Кресты: the name of the hamlet.

39 След... заметало: *The track of the runners was immediately covered* (with snow). Мести or заметать, imp./p. замести are frequently used impersonally.

40 Бегу... снежно: *He* (ей not ему because лошадь is f.) *can't go quickly, because of the snow.* In the same paragraph the m. pronoun is used, as 'Dapple' is a stallion.

41 в полчаса доставил: *he got me there in half an hour.*

42 Чаго?: for Чего? — *What?*

43 Что ж,... не поить?: *Well, I suppose you've told the missus not to give any drink to the cooper?* (arch. and pop. use of наказывать).

44 Бог с ними... с ней: *I forgive them, Vassily Andreyich. I don't go into these things. As long as she doesn't hurt the lad, I don't mind.*

45 Да не миновать: *Yes, it can't be helped.*

46 Малый... наймали: *The lad has grown up, and will have to do the ploughing himself, whereas before we had to hire somebody.*

47 бескостречного: бескостречный—horse with back weakened by age and work. Кострец: lower part of spine.

48 Брехунов... другие: *Brekhunov wouldn't hurt anyone. Even if it were to my own disadvantage—I am not like other people.* The choice of surname is significant: брехун — *braggart.*

49 он заговаривал зубы: заговаривать зубы — to deceive by deflecting attention from main issue with talk of other matters.

50 Пошёл вправо!: *Let us go to the right!* The past tense, пошёл, is sometimes used as an imperative.

51 Врё?: for врёшь? (from врать, *to lie*).

52 Захаровское заводское поле: Захаровское, adj. from Захарово, name of village. Nikita is probably referring to some kind of potato-works for starch at this village.

53 копаная канава: i.e. an artificial, not natural ditch. Копаная here is an adj. not past part., therefore has one н.

54 а незнамо куда: *but goodness knows where.* Незнамо for неизвестно, *unknown.*

55 онучи: coarse rags worn spirally round the legs instead of socks or stockings, which peasants were too poor to have.

56 Да мы в Горячкнио было: *Well, we were going to Goryachkino.*

57 Вона: for вон.

58 Мало... потрафили: *Of course we should, but we didn't manage it.*

59 По летнему или по зимнему?: *Through the summer or the winter cornfield?*

60 А-а-а... ские!: i.e. from a village beginning with A, all that was audible being the initial sound and the adjectival ending.

61 Вали! Не сдавай!: *Go on! Don't give up!* One peasant encourages Brekhunov to pass (Объезжай... передом!); the other does not want to give way. They are drunk and excited. In the last line (Пошёл... Вали!) they are shouting together and contradicting each other.

62 отводами: отвод — part of sledge projecting on each side, in front, to give more balance and space.

63 дугой: дуга — wooden shaft-bow that arches over horse's neck from shaft to shaft in Russian harness.

64 На отделку... есть!: *They have utterly exhausted the little horse*

(lit. *reduced it to a state suitable only for skinning*). *What barbarians!*
(lit. Asiatics).

65 по сду́тым места́м доро́ги: *over bumps on the road swept bare of snow.*

66 Хоть бы... услыха́ть: *If only we could hear those peasants.*

67 мо́же: мо́жет быть.

68 Киргизёнек: young horse from the Kirgiz steppes.

69 в две кирпи́чные свя́зи: *with walls two bricks thick.*

70 Выдь-ка на час!: *Just come out a minute.*

71 Зайдём... Мики́т?: *Shall we go in and get warm, Mikit?* (peasant form of Nikita).

72 Ну, что ж, и погре́ться мо́жно: *Well, certainly, we could get warm.*

73 залива́лась-ла́яла: *burst out barking.*

74 Да бу́деть тебе... бу́де: *Now that's enough... that's enough.*

75 Не во́ры, свой...: *Not thieves, but friends* (lit. *your own*).

76 в Пульсо́не напеча́тывано: Пульсо́н for Оси́п Пау́льсо́н, 1825–98, educationalist, compiler of manuals for primary schools. Напеча́тывано: for напеча́тано — lit. *printed*, i.e. *written.*

77 в кра́сном углу́: i.e. where the icons were placed. Кра́сный: *beautiful* in Old Russian.

78 На пола́тях: пола́ти — (pl. only) wide plank bed constructed under the ceiling in an *izba* between the stove and the opposite wall. There was also a place for lying above the stove.

79 проздра́вить: incorrect form of поздра́вить — *to congratulate, celebrate.*

80 заку́сывая бара́нкой вы́питой стака́нчик: *nibbling a crispbread ring after drinking his little glass of vodka.* Заку́сывать чем что: to eat something after something else (eaten or drunk).

81 Ну, так чайку́: *Well, some tea then.* Чайку́: partitive gen. of чаёк — dim. coll. aff. form of чай.

82 уходи́вший прикры́тый самова́р: уходи́вший — i.e. the water had been boiling over; прикры́тый: the lid had been put on the funnel to stop the draught, and so put out the fire for heating the water.

83 Утречком... де́ло: *You should go in the morning, it would be wonderful.*

84 ему́ стра́стно хоте́лось во́дки: *he was craving for vodka.*

85 Ка́бы проводи́л кто до поворо́та: *If someone could take us to the turning.*

86 а раздели́ть — все по́ ми́ру пойду́т: *but if it's divided, they will all become beggars.*

87 фордыбáчить: for фордыбáчит. Cf. Note 17.

88 «Бу́ря... дитё»: the first lines, not quite correctly quoted, of Pushkin's poem:

> Бу́ря мгло́ю нéбо крóет,
> Ви́хри снéжные крутя́;
> То, как зверь, онá завóет,
> То, заплáчет, как дитя́.

The storm covers the sky with mist, whirling the snow around; now it howls like a wild beast, now it cries like a child.

89 Пошёл передóм!: *Go in front!*

90 Эко ты как!: *You would, would you?*

91 Кудá, к дья́волу, запропасти́лся?: *Where the devil did you get to?* Запропасти́ться: *to get lost.*

92 Я тудá... вы́дрался: *I shot down there so fast that I could hardly get out.*

93 Да и лóшадь станóвится: *And the horse can't go much more.*

94 Держи́ за мной: *Follow me.*

95 Ведь он, сердéчный, не в себé стал: *You see the poor thing isn't himself.*

96 Чтó ж? И замёрзнешь — не откáжешься: *What of it? If we freeze it can't be helped.*

97 пóсле тогó, как он повози́лся в сугрóбе: *after his labours in the snow-drift.*

98 чрессе́дéльник: for чрессе́дéльник — strap going from shaft to shaft across the horse's back.

99 гуж: loop in harness joining collar and дугá. (See Note 63.)

100 размуздáю: for разнуздáю — *I will unbridle.*

101 да вдвоём не уся́демся: *but there's not room for us both to sit.*

102 Пусти́-ка: *Just let me have this.*

103 сру́бы сáми собóй: сруб — framework of interlocking logs (for peasant's *izba*); сáми сóбой: *it goes without saying*, разумéется understood. The usual phrase is самó собóй разумéется.

104 без счётов: счёты — *abacus* (beads on wires, set in a wooden frame) an object widely used in shops and offices in Russia to this day, to assist in calculations.

105 землемéра помáжу: *I will grease the palm of the land surveyor.*

106 Сейчáс три ты́сячи в зу́бы: *There's three thousand to oil him straightaway.* (The suggestion is — given to gain favour, for в зубы usually relates to bribes.)

107 Собáк бы лы́шно: *If only one could hear dogs.*

108 Где онá что видáла?: *Where has she ever seen anything?*

109 ру́шка: (local word for крупору́шка) mill for rendering buckwheat, millet, oats, etc. suitable for ка́ша (*porridge*).

110 Ду́мают, что в лю́ди выхо́дят по сча́стью: *People think that one can make a fortune through luck.*

111 вста́вил бы ему́ очки́: *would pull the wool over his eyes.*

112 Ишь ты! ду́ет так!: *Goodness, how it blows!*

113 Да что, бишь, хоро́шего бы́ло?: *And what was I just saying about the good of it?* Brekhunov starts thinking of his past life again, seeking justification for it.

114 Не замёрз бы мужи́к: *I hope the fellow doesn't freeze.*

115 То́-то наро́д бестолко́вый: *Such stupid people.*

116 долги́ за людьми́: *debts owed by people.*

117 то ли де́ло: *that would have been the thing.*

118 Бог с ним... Эх, ночева́ть бы!: *Why bother about the wood? I have enough business without it, thank God. Oh, I should have stayed the night!*

119 А, чёрт... провали́сь ты!: *Oh, go to the devil, curse you, be hanged to you!* (lit. *go through the earth*). Чёрт for чорт — *devil*; дери́, imp. of дра́ть — *to tear.*

120 Что лежа́ть-то, сме́рти дожида́ться!: *What's the good of lying waiting for death?*

121 Ему́ и жи́зни не жа́лко: *He can't be sorry to leave life.*

122 доби́лся-таки... ло́шади: *he managed somehow to lie on his belly across the back of the horse.*

123 Ну, и грехи́!... де́нешься?: *Well, sins even! How can one get away from them?*

124 Не то что наш брат: *Not as the likes of us.*

125 он не знал... чу́диться ему́: *he did not know if he heard something or if he only seemed to hear it.*

126 «Цари́ца Небе́сная... учи́телю»: *Queen of Heaven, holy father Nicholas, teacher of abstinence.* Святи́телю о́тче Микола́е... учи́телю: old vocative cases.

127 Она́ вы́ведет... пропадёшь: *He* (i.e. the horse) *will lead me out of this, or else I'll catch him. Only I mustn't hurry, or else I'll get in a sweat and be more than ever done for.*

128 На́до бы́ло... страх: *What ever happens, he must keep that terror from him.*

129 Небо́сь не вы́вернется: *He certainly won't slip away* (i.e. He thought he would die, but I won't let him).

130 и из них не вы́нешь: *and he couldn't pull (his feet) out of them.*

131 ведь он не знал, в чём дело: *of course he didn't know what was important.*

132 взял... воз: *he drove the cart beside the bridge and it stuck (in the stream).*

133 и видит он: (i.e. во сне) *and he dreamt.*

134 всю поясницу раздавило: *he was pinned down by the small of his back.*

135 Да будеть: *That's enough.* (See Notes 17 and 74.)

136 Царство небесное: *God rest his soul* (lit. *Heavenly kingdom* — a phrase used as a prayer when the deceased are mentioned).

137 Ну, двух смертей...миновать: *You can't die twice, but once you must* (pop. saying).

138 сначала...караульщиках: *at first as a labourer, and then as a watchman.*

139 под святыми: *under the saints,* i.e. under the icons.

VOCABULARY

Words given in Patrick Waddington's *First 1000 Russian Words* (pub. Bradda, Letchworth, Herts,. 1963) are not included in the vocabulary unless used in a different sense in this text.

а́ли or аль (for и́ли), or
амба́р, barn
аре́нда, lease
  в аре́нде, rented
а то, or else, whereas

ба́ба, country-woman; missus
балова́ть (imp., local), to be mischievous, play practical jokes
ба́ня, bath-house
бара́нка, ring-shaped baked dough
бара́нчик, side-rings (of a bit)
ба́рский, belonging to a gentleman
  ба́рский ху́тор, tenant farm
ба́рыш, profit
  бары́шничество, profit-hunting
ба́сня, fable
ба́тюшка (coll., arch.), father (exclamation of alarm or surprise)
бахрома́, fringe
бе́дственный, disastrous
беззву́чно, noiselessly
безнаде́жно, hopelessly
бельё, linen; (here) washing
бере́менная, pregnant
бесконе́чный, endless
беспоко́ить (imp./p. o-), to disturb, alarm
беспоко́йство, anxiety
беспреме́нно, непреме́нно, without fail
беспреста́нно, continually
бесси́льный, helpless

бессмы́сленный, senseless
би́ться (imp.), to flounder
благоде́тельствовать (imp.), to be a benefactor to
бле́дный, pale
блесте́ть (imp.), to shine, sparkle
бли́жний, neighbouring
блю́дечко, saucer
Бог, God
  Бог даст, God grant
бога́тство, wealth
бодри́ть (p./imp. ободря́ть), to encourage, inspire
бо́дрый, cheerful, brisk, fresh
бо́йкий, clever, quick-witted, smart
  бо́лее бо́йкая доро́га, a more frequented road
бок, side
бо́льно, painfully; (coll.) very, terribly
  больно́е ме́сто, painful subject
большак, main road
бонда́р, cooper
борода́, beard
борьба́, struggle
ботва́, leaves and stalks of root vegetables
  карто́фельная ботва́, potato-top
бри́тый, shaven
брю́хо, belly
  брюха́стый (pop.), big-bellied
буго́р, hill, hillock
буди́ть (imp./p. разбуди́ть), to wake (trans.)
бу́ен (s.f. of бу́йный), violent

бума́жник, wallet
бурья́н, wild, bushy weeds
бу́ря, storm
бушева́ть (imp.), to storm, bluster
бы́вший, former, one-time
бы́ло (particle)
    он бро́сил бы́ло he was on the
    point of throwing

ва́жность (f.), importance
ва́ленки (sing. ва́ленка (f.) or
    ва́ленок (m.)), felt boots
валу́х, castrated ram, sheep
вгля́дываться (imp./p. вгляде́ть-
    ся), to peer
вдво́е, in two, double
вдвоём, with two together
ведь, you know
веле́ть (imp. and p.), to order,
    ask, command
ве́ник, broom
верёвка, cord, line (for washing)
вероф́тие, likelihood
верста́, verst (old measure, just
    over a kilometre)
ве́рхний (adj.), top
ве́тка (dim. of ветвь), branch
ве́трено, windy
ве́шка (dim. of ве́ха), post,
    landmark
вжать (р./imp. вжима́ть), to
    press in
взбрыкну́ть (р./imp. взбры́ки-
    вать), to kick up one's heels
взви́згивать (imp./р. взви́з-
    гнуть), to yap, whine
взволнова́ть (р./imp. волнова́ть),
    to agitate, excite
взгляну́ть (р./imp. взгля́дывать),
    to glance
вздохну́ть (р./imp. вздыха́ть), to
    sigh

вздохну́ть (coll.), to draw breath,
    rest
взлома́ть (р./imp. взла́мывать),
    to break open
взопре́ть (р., pop. for вспоте́ть
    (р., поте́ть (imp.)), to sweat
взя́ться за де́ло, to set about it
    (i.e. doing something)
вида́ть (imp.) = ви́деть
ви́дный, visible
вислоза́дый, low-rumped
вихр, whirling snow
вла́га, moisture, liquid
власть (f.), power
вле́во, to the left
вле́зть (р./imp. влеза́ть), to climb
    in, on, up
вника́ть (imp./р. вни́кнуть), to
    look into, examine
внима́тельно, attentively
вновь, again
внук, grandson
вну́тренний, internal
внутри́, inside
внутрь, inwards
внуча́та, grandchildren
во́все (without neg., arch.),
    completely, quite
вовсе (+не, нет), not at all
во-вторы́х, secondly
во́дка, vodka
водово́з, water-carrier
    в водово́зах, as water-carriers
водомо́ина, bed of stream; gully
во́жжи (sing. вожжа́), reins
воз, cart-load
возбуждённый, excited, stimu-
    lated
возвыше́нье, rising ground
вози́ться (imp./р. по-), to take
    trouble with
во́зле (+gen.), beside

возмо́жность (f.), possibility
вой, howl
во́лей-нево́лей, willy-nilly
волочи́ться (imp.), to drag
во́ля, will
  во́ля ва́ша, as you wish
вон, there (is)
вообража́ть (imp./p. вообрази́ть),
  to imagine
воображе́ние, imagination
вообще́, in general
во-пе́рвых, in the first place, firstly
вор, thief
воро́та (pl. only), gate
воротни́к, collar
воро́чать (imp.+instr.), to move,
  turn
воро́чаться (imp.), to turn, toss
восково́й, wax(en)
воспомина́ние, memory
вперёд, ahead, forwards
впечатле́ние, impression
вполне́, absolutely
впра́во, to the right
впряга́ть, see запряга́ть
врать (imp./p. co-), to lie
вред, harm
вре́заться (p./imp. вреза́ться),
  to cut into
всё, all; still
всего́ (as adv.), only
вски́дывать (imp./p. вски́нуть),
  to toss up
всколыхну́ть (p./imp. всколы-
  ха́ть), to rouse
вскочи́ть (p./imp. вска́кивать),
  to jump up upon
всле́дствие, as a consequence
вслу́шиваться (imp./p. вслу́-
  шаться), to listen
всма́триваться (imp./p. всмот-
  ре́ться), to watch closely

вспомина́ть (imp./p. вспо́мнить),
  to recall, remember
встрево́женный, anxious, alarmed
встре́ча, meeting, encounter
встре́чный, head-on
втяну́ть (p./imp. втя́гивать), to
  pull in
вчера́шний, yesterday's
вы́биться (p./imp. выбива́ться),
  to escape
вы́браться (p./imp. выбира́ться),
  to come, climb out
вы́бравшись осторо́жно, having
  carefully picked his way out
вы́вернуть (p./imp. вывёрты-
  вать), to take out, unscrew,
  turn
выгова́ривать (imp./p. вы́гово-
  рить), to utter; (+dat.), to scold,
  reprimand
вы́годный, profitable
выгреба́ть (imp./p. вы́грести), to
  scrape out
вы́держать (p./imp. выде́ржи-
  вать), to hold out, endure
вы́драться (p./imp. выдира́ться),
  (coll.), to struggle out
вы́копать (p./imp. выка́пывать),
  to dig, hollow out
вы́кушать (p., arch.), to drink
  up (used esp. in imperative
  when addressing someone
  hospitably)
вы́лезть (p./imp. вылеза́ть), to
  climb out
вы́лить (p./imp. вылива́ть), to
  pour out
вы́местить (p./imp. вымеща́ть), to
  avenge oneself
вы́мотаться (p./imp. выма́ты-
  ваться), (fam.), to be spent,
  exhausted

вынима́ть (imp./p. вы́нуть), to take out

выпива́ть (imp./p вы́пить), to drink (up)

вы́простать (p./imp. выпра́сты-вать), to set free

выпрямля́ть (imp./p. вы́пря-мить), to straighten out

вы́пуклый, prominent, protruding

выпуска́ть (imp./p. вы́пустить), to let out, puff out

выража́ть (imp./p. вы́разить), to express

вы́ронить (p.), to let fall

вы́росший (p.p.a. of вы́расти), grown up

вы́скочить (p./imp. выска́кивать), to jump out

вы́спаться (p./imp. высыпа́ться), to have a good sleep

выступа́ть (imp./p. вы́ступить), to step forward

вы́сунуть(ся) (p./imp. высо́вы-вать(ся)), to stick out

вы́тащить (p./imp. выта́скивать), to pull out

вытира́ть (imp./p. вы́тереть), to wipe

вы́торговать (p./imp. выторго́вы-вать), to gain by haggling

вы́тряхнуть (p./imp. вытряхи-вать), to shake out

выть (imp.), to howl

вытя́гиваться (imp./p. вы́тя-нуться), to stretch (up, out)

вы́чет, deduction

вяза́ть (imp./p. по-), to tie

гво́здик, little nail

гвоздь (m.), nail, peg

ги́ря, weight (as used in gym-nastics)

глаз

с глазу на́ глаз, face to face

глота́ть (imp.), to swallow

глото́к, gulp

глубина́, depth(s)

глу́пость (f.), stupidity

глу́пый, stupid, silly

глухо́й, indistinct, muffled (of sound)

гляде́ть (imp.), to look

гнать (imp.), to drive, urge on

гну́тый, curved

гнуть(ся) (imp.), to bend

гогота́ть (imp.), to cackle

годи́ться (imp.), to suit

голова́шки (pl. only, pop.), front part of sledge

голубо́к (aff. dim. of го́лубь), little pigeon, dear

гони́мый (pres. p. pass. of гнать), driven

гора́, mountain, hill

на́ гору, up the slope

гора́здо (adv.), much

горди́ться (imp.), to be proud

го́рдость (f.), pride

го́рло, throat

го́рница (arch.), room

го́рюшко

ему́ и го́рюшко ма́ло, he doesn't care at all

Го́споди (vocative), Lord!

гра́дус, degree

гра́мотный, literate

гре́йся, see гре́ться

греме́ть (imp.), to rumble, make a noise

греть (ся) (imp.), (to warm (oneself)

грех, sin

гри́ва, mane

губе́рнский (adj.), government

гудѐть (imp.), to hum
гумно́, threshing floor
гусь (m.), goose

да, yes; and; but
  да ведь, but don't you see
давѝть (imp.), to press (down onto)
да́льний, distant
да́ром, for nothing
  пропада́ть да́ром, be wasted
двѝгать(ся) imp./p. двѝнуть(ся), to move, travel
движѐние, movement
двор, yard; farmstead
дѐвка, girl, lass
действѝтельно, indeed, sure enough
действѝтельность (f.), reality
действѝтельный, real
делёж, sharing
делѝться (imp.), to be divided; to share
держа́ться (imp.) (+ gen.), to keep to
  (+ за + acc.), to hold on to
дёрнуть (p./imp. дёргать), to pull, tug
дерю́жка (dim. of дерю́га), sacking
десятѝна (arch.), about 2·7 acres
деся́ток, ten (of the same thing)
дешевѝзна, cheapness
дѐятельность (f.), action
дивѝться (imp.), to be astonished
доба́вить (p./imp. добавля́ть), to add
добѝться (p.) своего́, to get what one wants
добродѝшный, good-natured
до́брый, good, kind
довалѝться (p./imp. дова́ливать-

ся), to reach after **great effort** and rest upon
догада́ться (p./imp. дога́дывать-ся), to guess
догна́ть (p./imp. догоня́ть), to catch up with
доѐхать (p./imp. доезжа́ть), to arrive, reach
долево́й, (here) horizontal, along the horse's flank
дома́шний, domestic; (as noun) member of the household
домотка́ный, home-woven
допѝть (p./imp. допива́ть), to finish drinking
допустѝть (p./imp. допуска́ть), to admit, allow
дорожѝть (imp.) (+ instr.), to value
доса́да, annoyance
доса́дный, vexing, annoying
доставля́ть (imp./p. доста́вить), to give, afford (pleasure), deliver
доста́ть (p./imp. достава́ть), **to** get, take (out); (+ до), to reach
досто́инство, merit
драгоцѐнный, precious
дрема́ть (imp./p. за-), to doze, doze off
дрова́, wood, firewood
дрожа́ть (imp.), to tremble
дрожь (f.), trembling
дуб, oak
дубо́вый (adj.), oak
дуть (imp./p. по-), to flow
душа́, soul
душѝстый, fragrant
дым, smoke
дыра́, hole
дыха́нье, breath, breathing
дыша́ть (imp.), to breathe

дья́вол, devil
дя́дюшка (aff. form of дя́дя), uncle

едва́ то́лько... как, hardly...
  than
еди́нственный, only (adj.), sole
езда́, driving; way
ездови́тее, more passable
е́зженая доро́га, a road that has
  been driven along

ж (же), emphatic particle
жа́дно, greedily
жа́лобный, plaintive, anxious
жа́лованье, wages
жа́ловаться (imp./p. по-), to
  complain
жа́ть(ся) (imp.), to press (oneself)
жела́ние, wish, desire, craving
желе́зо, iron
желобо́к (dim. of жёлоб), little
  groove (along spine)
жена́тый, married (of man)
жеребе́ц, stallion
живо́й, living
жи́денький (dim. of жи́дкий),
  thin, watery
  жи́денькие усы́ и борода́, scan-
  ty moustache and beard
жи́дкость (f.), liquid
жиле́тка, waistcoat
жильё, dwelling
жи́рный, plump
житьё, life, existence
жнивьё, stubble
жу́ткий, frightening, awe-
  inspiring

заби́ться (p.), to begin to beat
забра́ть (p./imp. забира́ть), to
  take
заверну́ть(ся), заворо́тить(ся)

(p./imp. завёртывать(ся)), to
  turn (over)
завидне́ться (p.), to be discernible
зави́сеть (+ от + gen.) (imp.), to
  depend
зави́симость (f.), dependence
завладева́ть (imp./p. завладе́ть),
  (+ instr.), to take possession of
завожжа́ть, to put on the reins
завора́чивать (imp./p. заворо-
  ти́ть), to turn
завы́ть (p./imp. выть), to howl
завяза́ть (p./imp. завя́зывтаь),
  to tie
завязи́ть (p., pop.), to get stuck
  in something
завя́знуть (p./imp. завяза́ть), to
  get stuck
заглуши́ть (p./imp. заглуша́ть),
  to smother
загляну́ть (p./imp. загля́дывать),
  to glance, peep
загну́ть (p./imp. загиба́ть), to
  bend
загова́ривать (imp./p. загово-
  ри́ть), to begin to speak; to
  cast a spell
загова́ривать зубы (see Note
  49.)
загора́ться (imp./p. загоре́ться)
  to begin to burn
зад, back; rump, buttocks
за́дний, hind (adj.)
задо́к, back (of sledge or vehicle)
задува́ться (imp./p. заду́ться),
  to be blown out
заду́маться (p./imp. заду́мывать-
  ся), to be thoughtful, to think
заду́ть (p./imp. задува́ть), to blow
  out
зажа́ть (p./imp. зажима́ть), to
  press

зажѐчь (p./imp. зажигѐть), to light

зажѝть (p./imp. заживѐть), to earn; to heal

зазя́бший, frozen

зайндеветь (p./imp. ѝндеветь), (coll.), to be frosted over

зайтѝ (p./imp. заходѝть), to go, call in

заквѐхтать, to cackle

закѝдывать (imp./p. закидѐть), to sling

заклѐдывать (imp./p. заложѝть), to harness

закостенѐлый, hardened, stiff

закоченѐть (p./imp. коченѐть), to become stiff from cold

закрѣ́ть(ся) (p./imp. закрывать (ся), to close; cover (oneself)

закурчѐвиться (p.), to become curly (of hair)

закусѝть (p./imp. закѳ́сывать), to eat a little (see Note 80)

закѳ́ска, snack; hors-d'oeuvre

закѳ́тать(ся) (p./imp. закѳ́ты-вать(ся), to wrap (oneself) up

залѝвистый, full- throated

замѐнчивый, alluring, attractive

замѐшка, habit

замерѐть (p./imp. замирѐть), to stand motionless

замёрзнуть (p./imp. замерзѐть), to freeze

замёрзший, frozen

заметѐть (imp./p. заместѝ), to cover up, sweep over

замѐтно, noticeable, noticeably

замкнѳ́ть (p./imp. замыкѐть), to stop up

замѳ́лкнуть (p./imp. замолкѐть), become silent

замѳ́чить or замѳ́чать (p./imp. замѳ́чивать), to exhaust

занавѳ́женный, piled with manure

занестѝ (p./imp. заносѝть) (used in 3rd sing. impersonally), to cover (with snow)

занимѐть(ся) (imp./p. занѣ́ть(ся), to occupy (oneself)

занѣ́тие, occupation

запахнѳ́ть(ся) (p./imp. запѐхи-вать(ся), to wrap (oneself) up tighter

запивѐть (imp./p. запѝть), to start drinking

запищѐть (p.), to begin to squeak

заплутѐть (p.) (local), to lose one's way

заправлѣ́ть (imp./p. заправить), to turn, arrange, tuck in

запрѣ́гать (imp./p. запрѣ́гнуть), to begin to jump, tremble

запрягѐть (imp./p. запрѣ́чь), to harness

запушённый, powdered

запыхаться (p./imp. запыхѐться), (coll.), to get out of breath

заражённый, infected

зарѐчься (p./imp. зарекѐться), to renounce

заржѐть, to begin to neigh

зарѳ́к, oath of renunciation

зарьѣ́ть (p.), to get completely out of breath

засѐленный, greasy, grease-spotted

засветѝться (p.), to be kindled, begin to shine

заснѳ́ть (p./imp. засыпѐть), to go to sleep

засѳ́вывать (imp./p. засѳ́нуть), to tuck, push, thrust (in)

заста́вить (p./imp. заставля́ть),
to make (oblige)
заста́ть (p./imp. застава́ть), to
find in, (at home)
застёгивать (imp./p. застегну́ть),
to fasten up
заступи́ть (p./imp. заступа́ть), to
tread on
засты́ть (p./imp. застыва́ть), to
get cold
засучи́ть (p./imp. засу́чивать
(рука́ва)), to roll up (one's
sleeves)
засы́пать(ся) (p./imp. засыпа́ть
(-ся)), to sprinkle, shower, pour
over (of something dry)
засы́панный пы́лью, dusty
засы́панный сне́гом, snow-
covered
затвори́ть (p./imp. затворя́ть), to
shut, close
зати́хнуть (p./imp. затиха́ть), to
become still, quiet, drop (of
wind)
затрепета́ть (p.), to begin to shake
затуши́ть (p.), to suppress
затя́гивать (imp./p.), затяну́ть,
to tighten
затяну́ться кушако́м, to tighten
one's belt
затяну́ться папиро́сой, to draw
in the smoke of a cigarette
зацепи́ть(ся) (p./imp. зацепля́ть
(ся)), to get caught on, together;
interlock
зашевели́ться (p.), to begin to
move
защища́ть (imp./p. защити́ть), to
protect
звать (imp./p. по-), to call
зверь (m.), wild animal
здорове́нный, strong, robust

зева́ть (imp./p. зевну́ть), to yawn
зеленя́ (pl. only) (local), young
winter corn
зле́е, comp. of зло, more furiously
злость (f.), fury, malice
значи́тельный, important
зов, call
зовёт, see звать
золото́й, gold, golden
зубоска́лить (imp.), to grin
зя́бнуть (imp.), to feel very cold,
freeze; (p.) за-, про-, из- and
пере-, freeze utterly

и, even, also
изба́, *izba*, little wooden house
избавля́ть (imp./p. изба́вить), to
release, save
изве́стие, news
изве́стно, certainly
изве́стный, known
изви́лина, bend
извиня́ться (imp./p. извини́ться),
to excuse oneself, to apologize
изгиба́ться (imp./p. изогну́ться),
to bend down
изменя́ть (imp./p. измени́ть), to
alter
изнутри́, from inside
изо всех сил, with all his strength
и́зредка (adv.), now and then
изрече́ние, saying
изруби́ть (p./imp. изруба́ть), to
chop
име́нье, estate
иму́щество, property
ино́й, other
и́скренно, sincerely
и́споведь (f.), confession
испу́г, fright
испы́тывать (imp./p. испыта́ть), to
experience, feel

истина, truth
истинный, real, true
исхудать (p.), to become very
  thin, emaciated
исчезать (imp./p. исчезнуть), to
  disappear

кабак, pub
кабы (coll.), if
кадык, Adam's apple
казаться (imp./p. по-), to seem
как (coll.) = когда, when
  как будто, as if
  как бы, as if
  как есть, quite, absolutely
  как-то, somehow
  как только, as soon as
калоша, galosh
каменный (adj.), stone
канава, ditch
капать (imp./p. капнуть), to drip
капля, drop
караковый, dark bay
картофелище, potato-field
касатик (pop.), darling
касаться (imp./p. коснуться)
  (+ gen.), to touch
кафтан, caftan, coat
качать(ся) (imp./p. по-), to rock,
  sway
  качать головой, to shake or nod
  one's head
кверху, to the top, upwards
кивать (imp./p. кивнуть), to nod
кирпичный (adj.), brick
кисть (f.), tassel
кликнуть (p./imp. кликать)
  (pop.), to call (to someone)
клюнуть (p./imp. клевать), to
  peck
  клюнуть носом (pop.), to nod

(when falling asleep in a sitting
  position)
книзу, downwards
кнут, whip
кнутовище, whip handle
кобыла, mare
ковылять (imp., coll.), to hobble
когда-то, at one time
кое-где, кой-где, in places
кожа, leather; skin
кожаный, (adj.), leather
колебаться (imp.), to move
  rhythmically up and down (or
  side to side)
колеблющийся, vacillating, fluc-
  tuating
колено, passage (of song, etc.)
коленка (coll. for колено), knee
коли (pop., poet.), if
количество, amount
колодец, well
колча, lump, or bump of frozen
  earth
кольцо, ring
конная (площадь), horse-market
конный, horse's
конокрад, horse-stealer
кончиться (p./imp. кончаться)
  (pop.), to die
копанный, dug out
копаться (imp.) (+ instr.), to
  rummage; to dawdle
копыто, hoof
корм, food (esp. for animals)
кормить (imp./p. за-), to feed
коробка, box
коротенький (dim. of короткий),
  short
корыто, trough
коситься (imp.), to cast a side-
  long glance
косматый, shaggy

коснуться (p./imp. касаться)
(+ gen.), to touch
косой, slanting, oblique
кость (f.), bone
край, edge
крайний (adj.), extreme; end
крайность (f.), extreme
по крайности, at least
красная цена, the highest price
крашеный, coloured
крепкий, firm, hard
креститься (imp./p. пере-), to
cross oneself
крик, cry, crow (of cock)
крикнуть, to call, shout
крошечный, tiny
кружить (imp.), to swirl, whirl
round
кружиться (imp.), to turn in a
circle
крутить (imp.), to whirl round
круто, abruptly
крутой, prominent, plump
кручь (local for круча) steep slope
крыльцо, flight of steps before front
door; porch
крытый, roofed, covered
крючок, hook
кто, who; someone
кудрявый, curly; leafy
кузнец, blacksmith
кузнецова изба, blacksmith's
hut
кум, godfather of one's child
купец, merchant
кура, hen
курить (imp.), to be thick, misty
(as with smoke)
кусать (imp.), to bite
кусочек (dim. of кусок), little
piece
куст (dim. кустик), bush

кутаться (imp., coll.), to wrap
oneself up
кухарка, cook
куча, heap, pile
кушак (dim. кушачок), belt,
girdle

лавка, shop; bench
ладно, all right
ладный, shapely
лезть, see лазить
лазить or лазать (indef. imp.;
лезть, def. imp.), to climb,
clamber
лай, barking
лапка (dim. of лапа), foot, paw
ласковый, affectionate, kind
лаять (imp.), to bark
легко, lightly
лежебока, lie-abed, sluggard
лёжень, sluggard, idler
лесоторговец, forest contractor
лестно, flattering
либо, or
а либо, or else
лик, face
линия, line
липнуть (imp.), to stick
лишний, superfluous, wasted
ловкий, clever, skilful, neat
ловкость (f.), skill
лодырь (m.), idler
лозина, withy
локоть (m.), elbow
лопата, shovel
лошадёнка (dim. of лошадь),
little horse
лощинка (dim. of лощина), hollow
лубок, bast layer
лубочный (adj.), bast
лысый, bald
любимец, favourite

любоваться, (imp.), to admire

люлька, cradle

мало того, not only was it

малый, little (fellow); lad

марш

   да и марш, and let's go

махать (imp./р. махнуть)
(+ instr.), to wave, beat, flap

махонький (pop.), small

мгла, mist

мгновение, moment

мгновенно, instantly

межа, boundary

между тем, in the meanwhile

мелкий, small, fine

мело, impers. past of мести

   мело снег, snow was swirling

мелочь (f.), trifle

   по мелочи, in driblets

мелькнуть (р./imp. мелькать), to flash

мельница, mill

мёрзлый, frozen

мёртвый, dead

местность (f.), locality

месяц, moon; month

метель (f.), snowstorm

мех, fur

мечтать (imp.), to (day-) dream

мешать (imp./р. по-) (+ dat.), to prevent

мешаться (imp./р. по-), to be mixed

мешок, sack

миллионщик, millionaire

милость (f.), kindness, favour

миновать (р.), to pass by; avoid

   да не миновать, yes certainly

мировой, arbitrator; justice of the peace

молебен, church prayer service

молодайка (local), young married peasant woman

молодец, lad

молотить (imp./р. с-), to thresh

молча, in silence

молчание, silence

морда, muzzle; (vulgar) face

мороженый, frozen

морщинка (dim. of морщина), wrinkle

морщить, to wrinkle

мотать(ся) (imp.), to move from side to side, sway

мочь

   мочи моей нет, I have no more strength

мрачный, gloomy

мрачно, gloomily

мужик, peasant

мужицкий (adj.), peasant

мука, flour

муха, fly

мухортый, dappled

мучительный, agonizing

мучить (imp.), to torment

мясник, butcher

набить(ся) (р./imp. набивать (ся)), to fill, cram

набок, onto (his, its) side, flank

набрать (р./imp. набирать), to gather, acquire

наверно(е), certainly

наверстывать (imp./р. наверстать), to make up; retrieve

навес, penthouse roof

нависнуть (р./imp. нависать), to overhang

навоз, manure

нагибать(ся) (imp./р. нагнуть (ся)), to bend (down)

надел, plot of land

надувать (imp./p. надуть), to puff out

наеденный, well-fed, plump

наживать (imp./p. нажить), to make (money), acquire (property)

назад, back(wards)

назначение, assignment

   место назначения, destination

называть (imp./p. назвать), to call

наизусть, by heart

накатанный, rolled, flattened

накинуть (p./imp. накидывать), to throw on, over

накренивать (imp./p. накренить), to push, heel over

налить (p./imp. наливать), to pour

намерение, intention

намерять (p./imp. мерять or мерить), to measure

нанести (p./imp. наносить), to heap (with snow, etc.)

нападать (imp./p. напасть), to attack

напиться (p./imp. напиваться) (+ gen.), to drink one's fill

напоить (p./imp. напаивать), to water, give to drink

наполнять (imp./p. наполнить), to fill up

напор, pressure

направление, direction

направлять (imp./p. направить), to direct

направо, to the right

напрасно, to no purpose

напротив, on the contrary

напружить (p./imp. напружи-вать), to stretch, strain

напрягать (imp./p. напрячь), to strain

напряжение, tension, tightening

напряжённо слушать, to listen intently

напугать (p., coll.), to terrify

напустить (p./imp. напускать), to let in

напухший, swollen

наружный, outer

нарушить (p./imp. нарушать), to disturb

нары (pl. only), plank-bed

наряд, dress, finery

насилу-насилу, with great difficulty

наскучить (p., coll.) (trans.), to weary

наследник, heir

настолько, so much

настоящий, real, proper

настращаться (p./imp. настращи-ваться) (pop.), to frighten oneself

наступить (p./imp. наступать), to tread on; to fall (of silence, evening, etc.)

насупротив (pop.) (+ gen.), opposite

насчёт (+ gen.), concerning

насыпаться (p./imp. насыпаться), to fall (of something sprinkled)

насыпь (f.), bank

наткнуться (p./imp. натыкаться), to stumble upon; (fig.) to meet

натужиться (imp./p. по-) (pop.), to try hard, strain.

   понатужься!, make a last effort!

натягиваться (imp./p. натянуть-ся), to stretch

нахлобучить (p./imp. нахлобучивать), to pull down over one's eyes

нахму́риться (p./imp. хму́риться), to frown

нахо́хлиться (p./imp. нахо́хливаться), to hunch oneself up

набе́сный, of heaven, heavenly

небо́сь, perhaps

нево́льно, involuntarily

недале́че (local), not far

неделённый, undivided

недоспа́ть (p./imp. недосыпа́ть), not to sleep enough

неесте́ственный, unnatural

нела́дно, wrong

нело́вкий, awkward

немилосе́рдный, merciless

неми́лый, unloved

неминуе́мо, inevitably

неминуе́мый, inescapable

нену́жный, unnecessary

необразо́ванность (f.), ignorance, lack of education

необразо́ванный, ignorant, uneducated

неожи́данно, unexpectedly

неопределённый, indistinct

неперестаю́щий, unceasing

неподви́жно, motionless

неприя́тный, displeasing

несоблюде́ние, non-observance

несомне́нно, without any doubt

не́ту (coll. for нет), no, not

нехожде́ние, not going

не́чего

 слу́шать бо́льше не́чего, there was nothing more (he wanted) to hear

 Ники́те де́лать бы́ло не́чего, N. could do nothing

ни́жний, lower

ни́зом, along the bottom

ника́к, in no way

ниско́лько, not at all

ниче́й, belonging to nobody

ничко́м, (to lie) face downwards

ничто́, nothing(ness)

ноздря́, nostril

носо́к, sock

ночева́ть (p. and imp.), to spend the night

ну, well, why, now

нужда́, need, necessity

ну́жный, necessary

ны́нче, now, nowadays

ны́нешний год this year

ныть (imp.), to ache

о (+ acc.), against, in

обвести́ (p./imp. обводи́ть), to put round

обгоре́ть (p./imp. обгора́ть), to be burnt a little

обдава́ть (imp./p. обда́ть), to suffuse

обду́мывать (imp./p. обду́мать), to consider

оберну́ться (p./imp. обора́чиваться and обёртываться), to turn round

обессу́дить

 не обессу́дь(те), excuse me, forgive me

обеща́ть (imp. and p.), to promise

обжи́ть (p./imp. обжива́ть) (coll.), to inhabit a place and make it 'lived in'.

оби́да, offence, hurt

оби́деть (p./imp. обижа́ть), to injure, offend

оби́ть (p./imp. обива́ть), to beat, knock

оби́тый, studded (with nails)

обкуса́ть (p./imp. обку́сывать), to nibble round

облега́ть (imp./p. обле́чь), to encircle

облучо́к, driver's seat in sledge

обма́нывать (imp./p. обману́ть), to deceive

обмахну́ть (p./imp. обма́хивать), to wipe; brush away

обмёрзнуть (p./imp. обмерза́ть), to be frozen round

обморо́женный, frozen, frostbitten

ободря́ть (imp./p. обо́дрить), to cheer, encourage

обойти́ (p./imp. обходи́ть), to go round

обойти́сь (p./imp. обходи́ться) (+ с + instr.), to treat

оборва́ться (p./imp. обрыва́ться), to fall down

обра́довать(ся) (p./imp. ра́довать(ся), to cheer, please, to be cheered, delighted

о́браз, shape, form; image, icon

обраща́ться imp./p. обрати́ться, to address oneself to

обраще́ние, remark (addressed to someone)

о́броть, halter

обру́бок, (chopping) block

обруга́ть (p.), to swear at, abuse

обсади́ть (p./imp. обса́живать), to plant round

обса́сывать (imp./p. обсоса́ть), to suck (round)

обстоя́тельно, thoroughly, precisely

обтере́ть (p./imp. обтира́ть), to wipe

обу́за, burden

обхожде́ние, behaviour, treatment

объезжа́ть (imp./p. объе́хать), to go round, overtake

обяза́тельно, certainly, without fail

овца́, sheep

овра́г (aug. овра́жище), ravine, gully

овся́ный, oaten

овчи́нный, sheepskin

огло́бля, shaft

оглуша́ть (imp./p. оглуши́ть), to deafen

огля́дывать(ся) (imp./p. огляде́ть(ся) or огляну́ть(ся)), to glance, look over, (round)

оголённый, exposed

ого́нь (m.), fire, light

огорча́ться (imp./p. огорчи́ться), to be grieved

огро́мный, enormous

одежо́нка (dim. derog. of оде́жда), clothes

оде́тый, clothed

одина́ково, equally

одно́ и то же, the same thing

однообра́зный, monotonous

одобри́тельно, approvingly

одобря́ть (imp./p. одо́брить), to approve

оду́маться (p./imp. оду́мываться), to pull oneself together, collect one's thoughts

оживлённый, revived

ожида́ние, waiting

ожида́ть (imp.), to expect, wait for

озабо́ченный, preoccupied

о́зимь (f.), ози́мое (n.), winter-corn

озя́бнуть (p./imp. озяба́ть), to be very cold, freeze

окликáть (imp./p. оклúкнуть), to call, hail

окрáсить (p./imp. окрáшивать), to colour, stain

окрýга (arch.), neighbourhood

опáсность (f.), danger

опирáться (imp./p. оперéться), to rest on

опóмниться (p./imp. опоминáться), to come to oneself

оправлять (imp./p. опрáвить), to arrange, set right

опрокúнуть (p./imp. опрокúдывать), to tip (over, into etc.)

опустúть(ся) (p./imp. опускáть (ся)), to lower, to let (oneself) down

осатанéть (p./imp. сатанéть), to become enraged

освещáть (imp./p. осветúть), to light up, illumine

освободúть (p./imp. освобождáть), to set free

осúлить (p./imp. осúливать), (here) to succeed

оскáливать зýбы, to grin

ослабевáть (imp./p. ослабéть), to grow fainter, to become weak

ослáбить (p./imp. ослаблять), to weaken, loosen

ослáбнуть (past ослáб) (p./imp. слáбнуть), to become weak

осóбенность

в осóбенности, in particular

осóбенный, special

осóбый, special, specific

остáвить (p./imp. оставлять), to leave, abandon

остáток, remainder

остепенúться (p./imp. остепеняться), to steady down

осторóжно, carefully, gently

осторóжность (f.), care

остыть (p./imp. остывáть), to get cold

осыпáть (imp./p. осыпать), to let fall, sprinkle

осьмýха, an eighth

отбúть (p./imp. отбивáть), to deprive someone of something, snatch away

отбивáться (imp./p. отбúться) от рук, to get out of hand

отвéтить (p./imp. отвечáть) (+ за + acc.), to be responsible for

отвлечённый, abstract

отворúть (p./imp. отворять), to open

отворотúть(ся) (p./imp. отворáчивать(ся)), to turn back

отвязывать (imp./p. отвязáть), to untie

отгонять (imp./p. отогнáть), to chase away

отдéльно, separately

отдёрнуться (p./imp. отдёргиваться), to be drawn back, or aside

отдувáться (imp./p. отдýться), to be blown out

отдышáться (p./imp. отдыхиваться), to regain one's breath

отзывáться (imp./p. отозваться), to respond

откáз, refusal, renunciation

отказáть (p./imp. откáзывать), (+ dat. of person; в + prep. of thing), to refuse someone something

отказáть(ся) (p./imp. откáзываться(ся)), to refuse

откúнуть (p./imp. откидáть), to throw back

откли́кнуться (p./imp. откли-
ка́ться), to respond, answer
откопа́ть (p./imp. отка́пывать), to
dig out
откуси́ть (p./imp. отку́сывать), to
bite off
отли́пнуть (p./imp. отлипа́ть), to
be unstuck, undone
отличи́ть (p./imp. отлича́ть), to
distinguish
отлучи́тся (p./imp. отлуча́ться),
to absent oneself
отморо́женный, frost-bitten
отня́ть (p./imp. отнима́ть), to take
away, amputate
отогре́ть (p./imp. отогрева́ть), to
warm
отпряга́ть (imp./p. отпря́чь), to
unharness
отряха́ться, see отря́хиваться
отря́хивать(ся) (imp./p. отрях-
ну́ть(ся)), to shake (oneself) out
отстава́ть (imp./p. отста́ть), to
fall behind
отстрани́ть (p./imp. отстраня́ть),
to push aside
отта́ивать (imp./p. отта́ять), to
thaw
отту́да, from there
отча́сти, partly
отча́янно, desperately, frantically
отчётливость (f.), distinctness
оты́скивать (imp./p. отыска́ть), to
look for
охло́пывать (imp./p. охло́пать),
to beat off
охора́шивать, to smarten up
охо́тно, willingly
очеви́дно, obviously
очути́ться (p.), to find oneself
ошмуры́гаться (p.), to be rubbed
bare

ощу́пывать (imp./p. ощу́пать), to
feel, touch
ощуще́ние, sensation

паде́ние, fall
па́зуха, bosom (i.e. space between
it and clothing)
па́лец, finger, toe
папиро́сочница, cigarette-case
паруси́ть, to take the force of the
wind (like a sail, па́рус)
па́смурно, cloudy
пах, groin
перебира́ть (imp./p. перебра́ть)
(+ instr.), to move in turn
переби́ть (p./imp. перебива́ть)
(coll.), to deprive someone of
something by buying it before
him
переобу́ть(ся) (p./imp. переобу-
ва́ть(ся)), to change (one's)
boots or shoes
переверну́ть(ся) (p./imp. пере-
вёртывать(ся) and переворачи-
вать(ся)), to turn over, upside
down
перегну́ться (p./imp. переги-
ба́ться) (instrans.), to bend
down, over
пере́дний (adj.), front
передо́к, front (of sledge, cart etc.)
передразни́ть (p./imp. передра́з-
нивать), to mimic
переезжа́ть (imp./p. перее́хать),
to drive over
переки́нуть (p./imp. переки́ды-
вать), to throw over
переку́тывать (imp./p. переку́-
тать), to wrap over
переменя́ть (imp./p. перемени́ть),
to change
перемёт, cross-beam

переобу́ться (p./imp. переобу-
ва́ться), to change one's boots
or shoes, or, to put them on
again

перепа́рхивать (imp.), to flutter,
flit

переплета́ться (imp./p. пере-
плести́сь), to be intertwined

перепоя́сываться (imp./p. пре-
поя́саться), to do up one's belt

перерва́ть (p./imp. перерыва́ть),
to interrupt

перечтя́ (from перече́сть p.),
having re-counted

пе́рстень, ring

пету́х, cock

печь (f.), stove

плакси́вый, tearful, whining

пла́чущий, tearful

плете́нь, wattle fence

плохо́нький, poor

плута́ть (imp., coll.), to wander,
stray

плю́нуть (p./imp. плева́ть), to spit

по (+ acc.), up to

повали́ться (p./imp. вали́ться), to
fall, collapse

поведе́ние, behaviour

поверну́ть (p./imp. повёртывать),
to turn

пове́сить (p./imp. ве́шать), to
hang up

пови́згивать (imp./p. повизжа́ть),
to squeak, creak

по́вод (pl. пово́дья, dim. поводо́к),
rein

поводи́ть (уша́ми), to prick (ears)

повора́чивать (imp./p. поворо-
ти́ть or поверну́ть), to turn,
turn round

поворо́т, turning

поглоти́ть (p./imp. поглоща́ть),
to absorb, swallow

погляде́ть (p./imp. гляде́ть), to
look (at)

погна́ть (p./imp. гнать), to drive,
urge on

погоди́ть (p., coll.), to wait a bit

пого́дка (dim. of пого́да), weather

погоня́ть (imp.), to urge on

погре́ться (p.), to warm up a little

погромы́хивать (imp./p. погро-
мыха́ть), to rattle

погу́ще (comp., from гу́сто), a
little more thickly

подава́ть (imp./p. пода́ть), to
give, serve

подбира́ть (imp./p. подобра́ть),
to draw in under

подби́ть (p./imp. подбива́ть), to
pat down

подбрю́шник, girths

подвёртывать (imp./p. подвер-
ну́ть), to turn under

подви́нуть(ся) (p./imp. подви-
га́ть(ся)), to advance, move
towards

подвяза́ть (p./imp. подвя́зывать),
to tie, attach

поддава́ться (imp./p. подда́ться),
to give way (to)

подёргивать (imp./p. подёргать),
to pull at

подожда́ть (p./imp. ждать), to
wait

подде́рживать (imp./p. поддер-
жа́ть), to support

подержа́ться (p./imp. держа́ть-
ся), to hold oneself; (here) keep
level

подки́дывать (imp./p. подки́-
нуть), to throw up

подкра́дываться (+ к) (imp./p. подкра́сться), to steal up (to)

по́дле (+ gen.), beside

подми́гивать (imp./p. подмигну́ть), to wink

поднаво́женный, covered with manure

подо́л, hem, edge

подпоя́санный, belted

подро́сток, youth (esp. aged 12 to 16)

подстри́женный, clipped, short

подсу́нуть (p./imp. подсо́вывать), to push under

подтвержда́ть (imp./p. подтверди́ть), to support, corroborate

подтёлок, yearling calf

подтыка́ть (imp./p. подты́кать), to tuck in

подтя́нутый, pursed up (of lip)

подходя́щий, suitable

подъезжа́ть (imp./p. подъе́хать), to drive up

пожа́луй, perhaps

поживе́й, as quick(ly) as possible

пожи́виться (p., + instr.), to profit (by)

пожима́ться (imp./p. пожа́ться), to huddle oneself together

пои́ть (imp.), to water, to give to drink

покати́ться (p./imp. кати́ться), to roll

пока́чивать (imp.), to shake or nod slightly

покачну́ть(ся) (p./imp. пока́чивать(ся)), to rock, totter

поклони́ться (p./imp. кла́няться), to bow

поко́рный, submissive, obedient
благодари́м поко́рно, thank you very much

покри́кивать (imp., coll.), to utter cries

покупа́тель, buyer

поку́пка, purchase

пола́, flap (of jacket or coat)

полверста́, half a verst (see верста́)

поле́зть (p./imp. лезть), to climb
он поле́з бы́ло, he started to climb

по́лка, shelf

полмину́ты, half a minute

положе́ние, position, situation

поло́зья (sing. по́лоз), runners (of sledge)

полома́ть (p./imp. лома́ть), to break
полома́ть го́лову, to rack one's brains

полтора́, one and a half

полушу́бок (dim. полушу́бочек), knee-length sheepskin coat

полы́нь, bushy weed of wormwood family

поля́на, clearing, glade; meadow on outskirts of, or in the forest

помере́ть (p./imp. помира́ть) (pop.), to die

поме́щик, landowner

по́мощь (f.), help

помыка́ть (+ instr.), to domineer over

по-настоя́щему, really, properly

понемно́гу, by degrees

поп, priest

попа́сть(ся) (p./imp. попада́ть(ся)), to land up
попада́лись ему́ в глаза́, caught his eye

попо́на, horse-cloth, blanket

поправля́ть (imp./p. попра́вить), to correct, adjust

попу́тчик, fellow-traveller

пора́, time
с тех пор как, from the time
поро́г, threshold
поро́сший, overgrown
портки́ (pop.), trousers
поры́в, gust
поры́висто, quickly, brusquely
поря́док, order, arrangement
посади́ть (р./imp. сажа́ть), to seat
посвети́ть (р., + dat. of person), to light the way for someone
посёлок, hamlet
посереди́не, in the middle
поскользну́ться (р./imp. поска́льзываться), to slip
пост (noun), fast
послу́шаться (р./imp. слу́шаться), to obey
поспе́ть (р./imp. поспева́ть), to be ready, to arrive in time
поспе́шно, hurriedly
поспе́шность (f.), haste
постели́ть (р./imp. постила́ть), to spread
постла́ть (р./imp. стлать and постила́ть), to spread; to make a bed
постоя́лый двор, inn
постоя́нный, continuous, constant
постоя́ть (р.), to stand awhile
посто́й (imper.), wait
посу́да, crockery
ча́йная посу́да, tea-things
пот, sweat
потеря́ть (р./imp. теря́ть), to lose
поте́ть (imp./р. вспоте́ть), to sweat; get damp
потому́, so, therefore
потра́фить (р./imp. потрафля́ть), to manage right; to please
потре́бность (f.), need

потре́скивать (imp./р. потре́скать), to clatter
потро́гивать (р.), to drive on, urge on
потруди́ться (р./imp. труди́ться), to work, try hard
потря́хивание, shaking
потяну́ть (р./imp. тяну́ть), to pull, draw
похло́пывать (imp./р. похло́пать), to clap a little
почему́-то, for some reason
почуди́ться (р./imp. чуди́ться), to appear, seem
пошатну́ться (р./imp. пошатываться), to be tipped sideways
пошеве́ливать (imp./р. пошевели́ть), to move, twitch
по́шевни (pl. only), wide sledge
по-щеня́чьи, like a puppy
появи́ться (р./imp. появля́ться), to appear
по́яс, belt, girdle
пра́вить (imp., + instr.), to drive
пра́внук, great-grandson
пра́здничный (adj.), holiday, best
предложи́ть (р./imp. предлага́ть), to offer
предме́т, subject
предоставля́ть (imp./р. предоста́вить), to allow
предостерега́юще, warningly
предпле́чье руки́, forearm
предполага́ть (imp./р. предположи́ть), to suppose
предприня́ть (р./imp. предпринима́ть), to undertake, do
предсме́ртный, dying (lit. before death)
предста́виться (р./imp. представля́ться) (+ dat.), to come to mind

предчу́вствовать (imp.), to have a presentiment

пре́жде, before, first

пре́жний, former

преоблада́ть (imp.), to predominate

прерыва́ться (imp./p. прерва́ться), to be interrupted

преры́висто, intermittent, gasping
дыха́нье бы́ло преры́висто, his breath came in gasps

приба́вить (p./imp. прибавля́ть), to add

привали́ться (p./imp. привали́ваться), to roll down

приве́тственный, welcoming

привы́кнуть (p./imp. привыка́ть), to become used (to something)

привы́чный, habitual, accustomed

привя́зывать (imp./p. привяза́ть), to tie (up)

приглядёться (p./imp. пригля́дываться), to look attentively

пригну́ться (p./imp. пригиба́ться), to bend

придёрживать (imp./p. придержа́ть), to hold

придри́чивый, nagging, quarrelsome

прие́зд, arrival

прижима́ть(ся) (imp./p. прижа́ть(ся)), (+ к, + dat.), to press (against, down)

призы́в, call

призыва́ть (imp./p. призва́ть), to call

приказа́ние, order, request

прика́зывать (imp./p. приказа́ть), to give orders, to order

прила́дить(ся) (p./imp. прила́живать(ся)), to arrange, fit (oneself) comfortably

прилипа́ть (imp./p. прили́пнуть), to cling

прили́чие, propriety

приме́та, sign, signal

приме́шиваться (imp./p. примеша́ться), to be added

примости́ться (p./imp. примащиваться), to find a place for oneself

принадлежа́ть (imp.), to belong

принанима́ть (imp./p. принаня́ть) (coll.), to rent

принужда́ть (imp./p. прину́дить), to force, oblige

приня́ться (p./imp. принима́ться), to set to work

приподня́ть(ся) (p./imp. приподнима́ть(ся)), to raise (oneself) a little

прирасти́ (p./imp.), прираста́ть), to grow in to, become rooted to

приро́да, nature

присла́ть (p./imp. присыла́ть), to send

прислони́ться (p./imp. прислоня́ться), to lean

прислу́шиваться (imp./p. прислу́шаться), to listen, pay close attention

присни́ться (p./imp. сни́ться), to be seen in sleep
ему́ присни́лось, he dreamt

притворя́ться (imp./p. притвори́ться), to pretend

притяну́ть (p./imp. притя́гивать), to pull

прихвати́ть (p./imp. прихва́тывать), to grip

прихо́д, parish

прицепи́ться (p./imp. прицепля́ть(ся)), to hang on

причи́на, cause, reason

про (+ acc.), about
пробира́ть (imp./p. пробра́ть), to take hold of, go through
про́бовать (imp./p. по-), to try, attempt
прове́рить (p./imp. проверя́ть), to verify, check
провожа́тый, guide
провожа́ть (imp./p. проводи́ть), to see off, accompany
проглоти́ть (p./imp. прогла́тывать), to swallow
прогоня́ть (imp./p. прогна́ть), to dismiss
продаве́ц, salesman
прода́жа, sale
продолгова́тый, long-shaped
продува́ть (imp./p. проду́ть), to blow through (onto)
прожи́ть (p./imp. прожива́ть), to spend (life), live
прозра́чный, transparent
происходи́ть (p./imp. произойти́), to take place
прока́пывать (imp./p. прокопа́ть), to dig into
прокля́тый, accursed
прониза́ть (p./imp. прони́зывать), to pierce
проно́шенный, worn, threadbare
пропада́ть (imp./p. пропа́сть), to be lost, perish
пропи́ть (p./imp. пропива́ть), to lose through drinking
про́рванный, split, torn
просветля́ться (imp./p. просветли́ться), to clear
просия́ть (p.), to beam
проскочи́ть (p./imp. проска́кивать), to jump over
прости́ть (p./imp. проща́ть), to forgive

прости́ться (p./imp. проща́ться) (+ с, + instr.), to say farewell, to take one's leave of
простра́нство, space
противополо́жный, opposite
противоре́чить, to contradict
проу́лок, alley
прочь, away
проще́ние, forgiveness
пру́тик, twig
прыжо́к, jump, spring
прямо́й, straight
пря́тать (imp./p. с-), to hide, put away
пуга́ться (imp./p. ис-), to be frightened
пук, bunch
пусти́ть (p./imp. пуска́ть), to let (go)
пусты́ня, wilderness
пуши́стый, fluffy, feathery
пыль (f.), dust
пыта́ться (imp./p. по-), to try
пья́ница (m.), drunkard
пья́нство, drunkenness
пья́ный, drunk
пятикопе́ечный (adj.), five-copeck
пято́к, five (of the same thing)

рабо́тник (f. рабо́тница), workman, labourer
равноме́рно, steadily
ра́доваться (imp./p. об-) (+ dat.), to rejoice, be delighted (at)
ра́достный, joyful
ра́дость (f.), joy
ра́дуга, rainbow
разбира́ть (imp./p. разобра́ть), to make out, decipher, analyse (discuss)
разбуди́ть (p./imp. буди́ть), to wake (trans.)

развалистый, waddling
разве?, really?
развеваться (imp./p. развеяться),
to flutter
развеселить (p./imp. развесе-
лять) (trans.), to cheer up
развесить (p./imp. развешивать),
to hang out
развожжать (p.), to undo the reins
развязать (p./imp. развязывать),
to untie, undo
развязность (f.), ease, freedom
разглядывать (imp./p. разгля-
деть), to examine
разгореться (p./imp. разгорать-
ся), to burn well, be fully
alight
разгорячить (p./imp. горячить),
to heat
раздаться (p./imp. раздаваться),
to resound
раздел, division
разделить (p./imp. разделять), to
divide
раздор, discord
раздражение, irritation
разминать (imp./p. размять), to
press out the creases
размышлять (imp./p. размыс-
лить), to reflect, ponder
размякнуть (p./imp. размякать),
to soften
разница, difference
разогнать (p./imp. разгонять), to
dispel
разорванный, torn
разочароваться (p./imp. разоча-
ровываться), to be disappointed
разровнять (p./imp. разравни-
вать), to level out
разуться (p./imp. разуваться), to
take off one's boots or shoes

разъеденный, chafed
разъяснять (imp./p. разъяснить),
to clarify, explain
разыграться (p./imp. разыгры-
ваться), to break out (of storm)
раскорячиться (p./imp. раскоря-
чиваться), to straddle, lie with
legs apart
раскрыть (p./imp. раскрывать),
to uncover, open
распивать (imp./p. распить), to
drink, consume
распоясаться (p./imp. распоясы-
ваться), to undo one's belt
расправить (p./imp. расправ-
лять), to spread out
распрягать (imp./p. распрячь),
to unharness
распускать (imp./p. распус-
тить), to undo
расскочиться (p./imp. расскаки-
ваться), to spring apart
расслышать (p.), to hear clearly
рассматривать (imp./p. рассмот-
реть), to make out, distinguish
растревожить (p./imp. растрево-
живать), to disturb
растрепать (p./imp. растрёпы-
вать) (coll.), to ruffle
расценивать (imp./p. расценить),
to estimate value of something
расцепиться (p./imp. расцеп-
ляться), to become unlinked
расчёт, account
расширенный, distended
рвануться (p.,) (coll.), to give a
jerk; to rush, dash
рвать(ся) (imp.), to tear, rush
редкий, rare
ремённый, leather
ремень (m.), strap
репица, base of tail

решительно, decisively, decidedly
решительность (f.), decisiveness
решиться (p./imp. решаться), to make up one's mind
ржанье, whinny, neigh
ржать (imp./p. про-), to whinny, neigh
рига, threshing-barn
риза, embossed metal (or silver or gold) covering of icon
робеть (imp.), to be afraid
робко, timidly
ровный, level
родитель, parent, father
родной, own
родные (pl. only), relatives
розвальни (pl. only), wide, low country sledge
роща, wood
рубаха, (coarse) shirt
ругательство, swearing
рукав, sleeve
рукавица, mitt
румяный, ruddy, rubicund
ручей, stream
ручонка (aff. dim. of рука), little hand
рывом (pop.), with a jerk
рыжий, red-haired
рысца, jog-trot
рысь (f.), trot

сажень, old Russian measure = about seven feet
сани (pl. only) (dim. санки), sledge
сапог, boot
сарай, shed
сахарница, sugar-basin
сбивать (imp./p. сбить)
  сбивать в сторону, to knock sideways

сбиться (p./imp. сбиваться), to get lost
сбыть (p./imp. сбывать), to sell off, to get rid of
сваливать (imp./p. свалить), to throw off, down
свалявшийся, matted, shrunk
свежеобмолоченный, freshly-threshed
свернуть (p./imp. свёртывать), to turn (to one side)
сверх, above
сверху, on top; from above
светать (imp., impers.), to dawn
светлеть (imp./p. по-), to get light
свеча, candle
свист, whistling
свистать and свистеть (imp.), to whistle
сворачивать (imp./p. своротить), to turn aside
связь (f.), connection, link
святой, sacred
священник, priest
сгущаться (imp./p. сгуститься), thicken
сдаваться (imp./p. сдаться), to yield
сдвинуть (p./imp. сдвигать), to move
седёлка, cushion under чрессе-дельник (see Note 98)
седок, rider; (here) occupant of sledge
семейный (adj.), family
сердечный, my dear; (as aff. form of address) poor fellow, thing.
серебряный, silver
серный (adj.), sulphur
сесть (p./imp. садиться) верхом, to mount
сетка, net

сечь (imp.), to thrash, flog
сзади, behind, from behind
сиденье, seat
сила, strength
    что было силы, with all his strength
сирота (m. and f.), orphan
ситцевый (adj.), printed cotton
скатиться (p./imp. скатываться), to roll down
сквозь, through
скинуть (p./imp. скидывать), to throw off, let down
скоба, catch, clasp
скрип, creak
скрипеть (imp./p. про-), to creak
скрываться (imp./p. скрыться), to vanish
скрючить (p./imp. скрючивать), to bend, crook
скула, cheek-bone
слабеть (imp./p. о-), to weaken, slacken
слабость (f.), weakness
слава, renown
    слава Богу, thank God
    сладу нет, there's no managing them
слева, on the left
слегка, slightly
след, trace
следовать
    (ему) не следовало ехать, (he) ought not to go
слеза, tear
слезать (imp./p. слезть), to slip off
слепить (imp.), to blind
слобода, (large) village
слог, syllable
слой, layer
служба, work, service
слух, hearing; ear(s)

смекнуть (p./imp. смекать), to see, understand
смелее (comp. of смело), more boldly
смеркаться (imp./p. смеркнуться) (impers.), to get dark
смерть (f.), death
сметать (imp./p. смести), to sweep off
смешаться (p./imp. смешиваться), to be jumbled up
смиренство, submissiveness
смутить (p./imp. смущать), to disturb, trouble
смутно, indistinctly
смысл, meaning
смятый, crumpled
снаружи, outside
снежинка, snowflake
снежок (dim. of снег), snow
снизу, from below
сновидение, dream
сноха, daughter-in-law
собачонка (dim. derog. of собака), dog
собираться (imp./p. собраться), to prepare (to do something), be on the point of
соблазн, temptation
собственный, (his, her, etc.) own
собьёмся, see сбиться
совершаться (imp./p. совершиться), to become complete
совершенно так, как, exactly as
совершенный, absolutely
совесть (f.), conscience
    по совести, honestly
советник, councillor
согревать(ся) (imp./p. согреть(ся), to warm (get warm)
содрогнуться (p./imp. содрогаться), to shudder

соедини́ть(ся) (p./imp. соеди-
ня́ть(ся), to join, unite
созна́ние, consciousness, realiza-
tion
соло́ма, straw
соло́мка (dim.), short stiff straw
соло́мина, a straw
сомне́ние, doubt
сопе́нье, wheezing
сорва́ть (p./imp. срыва́ть), to
snatch
сорва́ться (p./imp. срыва́ться),
to tear free (intrans.), to slip,
fall down
соскочи́ть (p./imp. соска́кивать),
to jump off
соску́читься (p.), to become lonely, bored
составля́ть(ся) (imp./p. соста́-
вить(ся)), to constitute, to
amount to.
состоя́ние, condition
состоя́ть (imp.), to consist
сосу́лька, icicle
со́тня, a hundred
спасе́ние, salvation
спасти́ (p./imp. спаса́ть), to save
сперва́, at first
спе́реди, in front
спи́нка, back (of sledge, chair,
etc.)
спи́чечница, matchbox
спи́чка, match
споко́йно, peacefully, quietly
споре́е (comp. of спо́ро), more
successful
спра́ва, on the right
спра́виться (p./imp. справля́ть-
ся), to manage; to right oneself
сре́дний, medium
сре́дство, means

ссы́пка (coll.), corn-collecting
station
стально́й (adj.), steel
станово́й (arch.), district police
officer
стара́тельно, carefully
стара́ться (imp./p. по-), to try
стари́к, old man
ста́роста (m.), elder
церко́вный ста́роста, church-
warden
ста́рость (f.), old age
стару́ха or стару́шка (aff. dim.),
old woman
стать (p./imp. станови́ться), to
begin; to stand; to stop
стега́ние, lashing
стега́ть (imp./p. вы-), to lash
стекло́, glass
стих (dim. стишо́к), verse
стиха́ть (imp./p. сти́хнуть), to
become quiet
стихотво́рец, poet
сто́имость (f.), value
стой, stop
столь, so
сторо́жка, keeper's lodge
стоя́ть, to stand; to stay, live
страх, terror
стра́шный, terrible, frightening
стро́го, severely
студёный, ice-cold
сту́кать(ся) (imp./p. сту́кнуть-
(ся)), to knock (against), bump
ступи́ть (p./imp. ступа́ть), to step
ступня́, foot
стуча́ть (imp./p. по-), to knock;
beat (of heart)
сугро́б, snowdrift
су́кин сын, rascal (lit. son of a
bitch)
суко́нный (adj.), cloth

суме́ть (p./imp. уме́ть), to know how, to be able

сунду́к, trunk, box

су́нуть(ся) (p./imp. сова́ть(ся)), to thrust (oneself)

суши́ться (imp./p. вы-) (intrans.), to dry

существо́, being; creature

схвати́ть(ся), see хвата́ть(ся)

счита́ть (imp./p. счесть and со-счита́ть), to count

сы́паться (imp.), to pour down, fall

тако́й же, the same

так себе, so-so, middling

тащи́ть (imp./p. по-), to pull

темнота́, darkness

тепе́решний, present

тепло́, warmth

тере́ть(ся) (imp.) (+ instr.), to rub

терпели́вый, patient

тёрся, see тере́ть(ся)

то... то, now... now
   и то и друго́е, both
   на том све́те, in the other world

това́р, goods

толкну́ть (p./imp. толка́ть), to push, jostle

толчо́к, jolt

то́нкий (dim. то́ненький), thin

тону́ть (imp./p. по-, у-), to sink, drown

то́пать (imp.), to stamp

топо́р, axe

топы́риться (imp.), to prick (of horse's ears)

торгова́ть (imp./p. с-, при-) (+ acc.), to negotiate (about)

торже́ственный, triumphant

торжество́, triumph

торопи́ться (imp./p. по-), to hurry, be in a hurry

торопли́во, hurriedly

торча́ть (imp.), to protrude, stick out

то́тчас, то́тчас же, immediately

то́чка, point

то́чно, just as if

то́щий, lean

тпру, whoa

тре́бовать (imp./p. по-) (+ gen.), to demand

трево́жить (imp./p. по-), to disturb, trouble

тре́звый, sober

трепа́нье, flapping

трепа́ть(ся) (imp.) to flap

треть (f. noun), third

тро́е (collect.), three

тро́нуть (p./imp. тро́гать), to touch; set in motion

тро́нуться (p./imp. тро́гаться), to set off, push on

труд, labour

трудне́нько (dim. of тру́дно), rather difficult

трудолю́бие, industry

трясти́(сь) (imp.) (+ instr.), to shake

туго́й, tight

тулу́п, Russian (sheepskin) coat

тут же, there and then

ту́ша, carcass

туши́ть (imp./p. по-), to put out

тще́тно, in vain

тьма, darkness

тьфу пропасть, what the devil

тя́жесть (f.), weight

убеди́тельно, convincingly

убеди́ться (p./imp. убежда́ться), to be convinced

убежде́ние, conviction
убра́ть (р./imp. убира́ть), to tuck,
stow away
ува́жить (р.), to consider,
humour
уве́шать (р./imp. уве́шивать), to
hang with, adorn
увяза́ть (imp./р. увя́знуть), to
get stuck
угада́ть (р./imp. уга́дывать), to
guess
угова́ривать (imp./р. уговори́ть),
to urge
угово́р, agreement, understanding
угости́ть (р./imp. угоща́ть), to
treat, regale, entertain
угоще́ние (+instr.), offering (of
food etc.)
угре́ться (р.) (pop.), to get warm
угрю́мо, sullenly
уда́р, knock, blow
уда́рить (р./imp. ударя́ть), to
strike, kick
удержа́ть(ся) (р./imp. уде́ржи-
вать(ся)), to hold (oneself)
back, refrain; keep standing
удесятерённый, tenfold
удиви́тельный, astonishing
удивле́ние, astonishment
удивля́ться (imp./р. удиви́ться),
to be surprised
удила́, bit (of bridle)
уе́здный (from уе́зд (arch.)),
district, local
уж, уже́, already
у́жас, horror
ужива́ться (imp./р. ужи́ться), to
be able to live peaceably, to
stay
узда́, bridle

уздцы́
под уздцы́, by the bridle
у́зел, knot
у́зенький (dim. of у́зкий),
narrow, tight
указа́ние, direction, instruction
указа́тельный па́лец, forefinger
указа́ть (р./imp. ука́зывать), to
point out
(+ на, + acc.), to point at
укла́дываться (imp./р. уле́чься),
to lie down
укори́зненно, reproachfully
уку́тать(ся) (р./imp. уку́тывать
(ся)), to wrap (oneself) up
уложи́ть (р./imp. укла́дывать),
to pack, stow
ум mind, intelligence
уменьша́ться (imp./р. умень-
ши́ться), to diminish
умиле́ние, tenderness
умина́ть (imp./р. умя́ть), to press
down
умори́ться (р.), to become exhausted
у́мственный, mental
уныва́ть (imp.), to lose heart
уны́лый, mournful
упере́ться (р./imp. упира́ться),
to jib, resist; to rest, support
oneself
упо́рно, obstinately
упрекну́ть (р./imp. упрека́ть), to
reproach
упусти́ть (р./imp. упуска́ть), to
let slip
усы́, whiskers, moustache
усе́сться (р./imp. уса́живаться),
to sit up (or down); to settle
oneself
усиленнее, more strenuously
уси́лие, effort

усилиться (p./imp. усиливаться), to become stronger, increase
услыхать (p./imp. слыхать) (no pres.), to hear
усовещивать (imp./p. усовес- тить), to admonish
успокоить(ся), (p./imp. успокаи- вать(ся)), to calm, reassure (oneself)
уставить (p./imp. уставлять), to set; (here) to mark out
установить (p./imp. устанавли- вать), to establish
устраивать(ся) (imp./p. устро- ить(ся)), to arrange, settle (one- self)
утопать (imp./p. утонуть), to sink
утоптанный, trampled
утречком (coll.), in the morning
ухаживать (imp.), to look after, wait upon
ухитриться (p./imp. ухитряться), to contrive
ухнуть (p./imp. ухать) (coll.), to fall
участие, part, participation
учтивость (f.), politeness

фонарь, lantern
фордыбачить, to contradict stub- bornly and conceitedly
фундамент, foundation
фыркнуть (p./imp. фыркать), to snort

халат, overall
хвастаться (imp./p. по-), to boast
хвастовство, boasting
хватать(ся) (imp./p. хватить(ся) and с-), to grasp
хватить (p./imp. хватать), to suffice

хворостина, long stick, dry branch
хвост, tail
хлеб, bread; grain
хлев, хлевушок, cattle-shed, stall
хлестать (imp.), to whip, lash
хлопоты (f., pl. only), trouble, fuss
ход
  на ходу, as he ran; as (the sledge) started
хода, trot
хозяин (pl. хозяева), master, host
хозяйка, mistress of the house
хозяйничать (imp.), to manage a household or family
холод (noun), cold
хомут, collar (in horse's harness)
хоть, although, even
храп, muzzle; snore
худенький (dim. of худой), thin
худой, bad; thin, full of holes
  на худой конец, at the worst
худощавый, lean
худший, the worst
хутор, farm(stead)

цапаться (imp./p. по-), to clutch; claw at
цель (f.), aim
цена, price
ценить, to value, appreciate
циферблат, watch-face

чай, probably
  я чай, I expect
частный, private
чаще (comp. of часто), more often
чей (m.), чья (f.), чьё (n.), (pl.), чьи (pl.), whose
чёлка, forelock
челюсть (f.), jaw

чернѐть(ся) (imp./p. по-, за-), to show black
чернобы́льник, wormwood
черта́, line
чѐстность (f.), honesty
честь (f.), honour
четверѐньки
  на четверѐньках, on all fours
четвертна́я, one fourth of 100 (25 roubles)
член, limb
чудотво́рец, miracle-worker
чужо́й (adj.), another; (noun), stranger; person not belonging to the household
чуть не, almost
чуть, scarcely
чуть-чуть, a very little
чу́ять, чу́ю, чу́ешь (imp./p. по-), to feel

шаг, step
  ша́гом, at a walking pace
  в шагу́, in the stride (upper part of leg)
шага́ть (imp.), to step, stride
шара́хнуться (p./imp. шара́хаться), to shy
швырну́ть (p./imp. швыря́ть), to fling (down)
шевели́ть(ся) (imp./p. по-) (trans. verb, + instr.), to move, stir
шельмѐц (coll.), rascal

шерстяно́й, woollen
шѐстеро (collect.), six
шиворот, collar
шлея, hip strap and breeching in Russian harness
штраф, fine
шту́ка, piece, head (of cattle or sheep)
шу́ба, fur coat
шумѐть (imp.), to rustle
шу́тка, joke
шутя́ (from шути́ть), without any effort

щека́, cheek
щеко́лда, latch
щёлканье, flapping, smacking
щёлкать (imp.), to smack, crack
щель (f.), chink
щито́к : вѐрхний щито́к (ла́мпы), lamp-shade
щу́пать (imp./p. по-), to feel (by touch)
щу́риться, to blink

эма́левый, enamel

я́вственно, distinctly
я́вственность, distinctness
ямка (dim. of яма), hollow
яровое, summer-corn
я́рость (f.), fury
ястреби́ный, hawk-like